AF599622

CATARATA

Deusto
Centro de Ética Aplicada
Etika Aplikatuko Zentroa

GALO BILBAO ALBERDI

Licenciado en Filosofía y Teología y doctor en Teología por la Universidad de Deusto. Actualmente es profesor en la Universidad de Deusto, donde imparte docencia en el campus de Bilbao y es miembro integrante de su Centro de Ética Aplicada. Sus publicaciones tratan principalmente de ética social y política. Ha desarrollado una intensa actividad cívica y académica en el ámbito de la educación para la paz, especialmente desde la conflictividad vasca y sus víctimas, desarrollando y participando en iniciativas de presencia del testimonio de las víctimas en las aulas, encuentros entre víctimas de distinto signo y encuentros restaurativos entre víctimas y victimarios. Fue integrante de las organizaciones pacifistas Gesto por la Paz y Bakeaz. Otras áreas de su interés investigador son la ética profesional y tecnocientífica, y la ética de las organizaciones.

IZASKUN SÁEZ DE LA FUENTE ALDAMA

Profesora e investigadora del Centro de Ética Aplicada de la Universidad de Deusto. Se doctoró en Ciencias Políticas y Sociología (especialidad Ciencias Políticas) en la Universidad del País Vasco en 2001, con la tesis *El Movimiento de Liberación Nacional Vasco, una religión de sustitución* (2002). En la línea de investigación sobre conflictos y culturas de paz estudia los procesos sociales, políticos y culturales asociados a la violencia de motivación política en Euskadi, en los que, con una clara motivación ético-política, otorga un lugar central a las víctimas. Participa desde sus inicios en 2018 en la Comunidad de Aprendizaje sobre Memoria, Educación Histórica y Construcción de Paz en Euskadi. Anteriormente, dirigió el proyecto interdisciplinar "Memoria, ética y justicia: la extorsión y la violencia de ETA contra el mundo empresarial (2012-2016)", que obtuvo el accésit del Premio UD-Banco Santander de Investigación (2017) y que ha conseguido colocar en la agenda pública una dimensión de la violencia de ETA que había resultado especialmente invisibilizada.

Research ID: Web of Knowledge: R-1052-2018/ orcid.org/0000-0001-9099-2653.

Galo Bilbao Alberdi
e Izaskun Sáez de la Fuente Aldama

¿Una buena samaritana?

LA IGLESIA VASCA Y LAS VÍCTIMAS DEL TERRORISMO

Izaskun Sáez de la Fuente y Ángela Bermúdez
(editoras de la colección)

COLECCIÓN MEMORIA E HISTORIA DEL CONFLICTO
Y LA VIOLENCIA EN EUSKADI

ESTA COLECCIÓN SE PRODUCE CON EL APOYO DE UN CONVENIO ENTRE EL GOBIERNO VASCO Y LA UNIVERSIDAD DE DEUSTO PARA EL DESARROLLO DEL PLAN DE CONVIVENCIA, DERECHOS HUMANOS Y DIVERSIDAD (2021-2024).

ZURBANO, 76
28010 MADRID
TEL. 91 532 20 77
WWW.CATARATA.ORG

¿UNA BUENA SAMARITANA?
LA IGLESIA VASCA Y LAS VÍCTIMAS DEL TERRORISMO

ISBN: 978-84-1067-539-1
DEPÓSITO LEGAL: M-4.823-2026
THEMA: JPWL/QRAM2/JKVV

IMPRESO POR ARTES GRÁFICAS COYVE

ÍNDICE

ÍNDICE

SOBRE LA COLECCIÓN

Una década después del alto el fuego definitivo de Euskadi Ta Askatasuna (ETA), las personas jóvenes en Euskadi —la primera generación que no ha sufrido en carne propia la violencia— manifiestan tener pocos espacios seguros en los que preguntar, conversar y discutir sobre el tema.

La presente colección editorial busca promover en las nuevas generaciones una comprensión crítica de la historia de conflicto y violencia vivida en Euskadi en las últimas décadas. Está dirigida, principalmente, a las personas jóvenes, a los ciudadanos y ciudadanas de a pie que se interesan por estas cuestiones, pero también al profesorado en ejercicio o en formación y a las personas que, desde distintas organizaciones públicas y privadas, quieren fomentar el respeto de los derechos humanos y el cultivo de la paz y de la convivencia.

Este es un proyecto de la Comunidad de Aprendizaje sobre Memoria, Educación Histórica y Construcción de Paz en Euskadi, una iniciativa del Centro de Ética Aplicada de la Universidad de Deusto que, desde sus inicios en 2018, ofrece un espacio de diálogo y reflexión interdisciplinar e intergeneracional sobre el pasado violento de Euskadi. En su primera fase de trabajo (2019-2021), la Comunidad se dedicó a explorar, con jóvenes de distintos perfiles ideológicos, las preguntas y reflexiones que ellas y ellos se hacen acerca de la violencia de motivación política vivida. De manera recurrente manifestaron que les surgen preguntas que no tienen dónde plantear y que se hacen reflexiones que no pueden contrastar con otras personas. Sienten el peso de un "silencio heredado y autoimpuesto" en la familia, las cuadrillas, la escuela y la comunidad.

A la persistencia de este silencio ha contribuido la idea de que, para promover la paz y la convivencia, lo mejor es pasar página, olvidarse del pasado y mirar solo hacia el futuro. Pero no se puede construir el futuro de espaldas al pasado. Por ello, en su actual fase de trabajo, la Comunidad de Aprendizaje ha reunido a un grupo de historiadores expertos en la temática, filósofos y científicos sociales expertos en el análisis ético de la violencia y pedagogos expertos en educación histórica, para colaborar en la producción de esta colección.

Cada uno de los libros de la colección profundizará en una cuestión histórica o ética que hemos identificado como especialmente relevante para interrogar críticamente los relatos que las personas jóvenes tienen sobre la historia del conflicto vasco y de la violencia. Se trata de una estrategia pedagógica narrativa que, siguiendo la senda de Penélope, propone destejer con cuidado y volver a tejer con conciencia la memoria social de un pasado sangrante y doloroso. En ella, la visibilización y la exploración crítica de los mitos, los sesgos y las sobresimplificaciones que sirven para justificar la violencia marcan el punto de partida de una doble dinámica de *historización de la memoria* y de *memorialización de la historia*. Con ella se busca mejorar la comprensión que las personas tienen de la complejidad de los fenómenos históricos, encarnar el pasado en la experiencia de las víctimas y, así, activar el potencial de la historia para desnormalizar y deslegitimar la violencia.

INTRODUCCIÓN

> —[...] Bajaba un hombre de Jerusalén a Jericó y cayó en manos de unos ladrones. Le quitaron la ropa, lo golpearon y se fueron, dejándolo medio muerto. Resulta que viajaba por el mismo camino un sacerdote quien, al verlo, se desvió y siguió de largo. Así también llegó a aquel lugar un levita y al verlo, se desvió y siguió de largo. Pero un samaritano que iba de viaje llegó a donde estaba el hombre y viéndolo, se compadeció de él. Se acercó, le curó las heridas con vino y aceite, y se las vendó. Luego lo montó sobre su propia cabalgadura, lo llevó a un alojamiento y lo cuidó. Al día siguiente, sacó dos monedas de plata y se las dio al dueño del alojamiento. "Cuídemelo —le dijo—, y lo que gaste usted de más, se lo pagaré cuando yo vuelva". ¿Cuál de estos tres piensas que demostró ser el prójimo del que cayó en manos de los ladrones?
>
> —El que se compadeció de él —contestó el experto en la Ley.
>
> —Anda entonces y haz tú lo mismo —concluyó Jesús.
>
> Lucas 10: 25-37

ETA produjo más de ochocientas víctimas mortales. También existieron otras organizaciones terroristas (Batallón Vasco Español, Triple A, Grupos Antiterroristas de Liberación, etc.). Entre todas ellas, elevan el número de víctimas a cerca de un millar de personas asesinadas, sin contar la larga lista de heridos, secuestrados, extorsionados, amenazados, autoexiliados, etc., y todos sus familiares y allegados. No obstante, la extensa duración en el tiempo de la organización armada, el soporte social y político del que disfrutaba, su pervivencia frente a otros grupos terroristas y el comparativamente abrumador número de víctimas que ha generado hacen de ETA la máxima expresión del terrorismo en nuestro país y a sus damnificados, el prototipo de víctimas del mismo.

A mediados de la década de los noventa del siglo pasado, en plena etapa de la llamada "socialización del sufrimiento", asistimos en España a la visibilización de las víctimas del terror que adquieren un gran protagonismo social. En este contexto, víctimas individuales y asociadas, junto con partidos políticos y organizaciones sociales que dicen apoyarlas, cuestionan duramente a la sociedad vasco-navarra en su conjunto y también, específicamente, a la Iglesia católica incardinada en sus territorios[1]. Al margen de quién realice la crítica, los cuestionamientos dirigidos hacia la Iglesia siguen patrones similares. Al destacar, en primer lugar, una falta de empatía, de afecto y de cercanía hacia las víctimas, se denuncia el silencio de la institución eclesial, cuando no una ambigüedad calculada favorecedora de la equidistancia entre víctimas y verdugos, las inaceptables exigencias a las víctimas en el terreno del perdón y la reconciliación e incluso su expresa connivencia con el proyecto nacionalista y sus tesis de la negociación como única vía para acabar con la violencia y resolver el supuesto conflicto político subyacente a la misma.

Ello hace que en este libro nos planteemos preguntas como las siguientes: ¿cuál ha sido la actitud de la Iglesia respecto a las víctimas del terrorismo? ¿Las ha abandonado a su suerte? ¿Se ha acercado a ellas solamente cuando han adquirido relevancia social? ¿Tal vez ha actuado eficaz pero discretamente en su favor y no se conoce públicamente esta actitud? Trataremos de responder a estos interrogantes siendo conscientes de la gran complejidad del sujeto eclesial que hace que las críticas y las controversias también se reproduzcan en el seno de la comunidad cristiana. Por otro lado, antes de seguir adelante conviene precisar el alcance y los límites de nuestro análisis:

1. A partir de este hecho, hemos dedicado una extensa investigación (Bilbao, 2009a) a analizar exhaustiva y críticamente el discurso que los obispos vasco-navarros han emitido sobre las víctimas del terrorismo, al que han acompañado, posteriormente, otros textos más breves (Bilbao, 2009b, 2012). El presente estudio es una adaptación resumida de estas producciones, pero también una ampliación de las mismas, porque prolonga más de una década el intervalo temporal analizado.

- Se somete a consideración la Iglesia católica vasco-navarra[2] en su conjunto, en la totalidad de las personas y organizaciones que la integran, con una inevitable relevancia de sus máximos representantes, los obispos. Se toma como espacio geográfico el ámbito vasco-navarro, al menos, por dos motivos: porque la violencia de ETA se pretende justificar en función de un proyecto político centrado en la autodeterminación y una territorialidad que toma Navarra como parte inalienable del mismo; y porque, en consecuencia, los obispos de las cuatro diócesis han elaborado con frecuencia pastorales conjuntas.
- Se trata de analizar toda la actuación eclesial (mensajes, celebraciones, actos públicos, etc.) que tiene a la comunidad en su conjunto o a las víctimas directamente como destinatarios.
- Se cubre el intervalo temporal comprendido entre 1968 (fecha del comienzo de los asesinatos terroristas) y 2025 (cuando se redactan estas líneas), cubriendo casi sesenta años.

El modo de abordar la temática es sencillo. En primer lugar, presentamos los cuestionamientos que distintos actores sociales hacen a la Iglesia. A continuación, sintetizamos la respuesta de los obispos a estas críticas. Posteriormente, desgranamos algunos elementos clave del mensaje y de la actuación eclesiales respecto de las víctimas. Para concluir, realizamos una recapitulación en la que ofrecemos algunas reflexiones críticas.

2. No tomamos en consideración la diócesis de Bayona ni el País Vasco francés. Una recopilación de la actividad de un grupo de cristianos de ese territorio puede leerse en Atxik Berrituz (2025).

ACTIVIDAD 1

Este libro analiza el papel de la Iglesia frente a la violencia. Reflexiona sobre las siguientes cuestiones:

- ¿Qué conoces sobre la posición de la Iglesia vasco-navarra ante las víctimas del terrorismo, sus victimarios y la violencia en sí misma?
- ¿Crees que ha existido algún tipo de evolución en su posicionamiento? ¿Cuál? ¿Por qué?
- ¿Consideras que la Iglesia o determinados sectores de ella han realizado contribuciones significativas al proceso de paz y de reconstrucción de la convivencia en Euskadi? ¿Cuál/es?

Si desconoces las respuestas, pregunta a personas de tu entorno.

1. LA CRÍTICA A LA IGLESIA DESDE LAS VÍCTIMAS

LA CRÍTICA DE LAS PROPIAS VÍCTIMAS

Las víctimas son muy plurales y su posicionamiento respecto de la actitud eclesial hacia ellas, también. Esta diversidad recorre un amplio espectro, desde la descalificación global hasta el reconocimiento agradecido a su tarea, pasando por todos los posicionamientos intermedios posibles. Junto a las víctimas, también han aparecido otras instancias que han pretendido defender su causa, erigiéndose en altavoces de las acusaciones contra la supuesta negligencia eclesial.

Gran parte del discurso crítico hacia la Iglesia vasco-navarra forma parte de una crítica a la sociedad en su conjunto. Según María San Gil, expresidenta del Partido Popular (PP) en Euskadi: "Como sociedad hemos dejado mucho que desear. Y no sólo me refiero a las instituciones políticas, porque en el País Vasco incluso la institución eclesiástica ha adolecido de falta de ejemplaridad e incluso de falta de caridad" (Lozano, 2011). Aunque los reproches se dirigen mayoritariamente hacia un genérico "la Iglesia", es innegable que su referente principal es la jerarquía —o sea, los obispos— o, como mucho, el clero de la misma y no toda la comunidad eclesial. A la Iglesia se le ha achacado ausencia de interés y de atención hacia las víctimas concretas desde el mismo momento de su victimación, expresada, paradigmáticamente, en cómo se realizaron un gran número de funerales, de manera casi clandestina. Este olvido de las víctimas resta legitimidad a la posición eclesial y a su discurso a favor del perdón, y genera desapego hacia la institución (Cuesta, 2000). En definitiva, la sensación de abandono es lo suficientemente generalizada como para que se la pueda considerar una de las percepciones más extendidas: las víctimas "no han recibido ningún tipo de apoyo, asesoramiento, atención, etc., ni de la Iglesia o instituciones eclesiales" (Calleja, 1997: 193). Esta sensación se amplifica cuando la víctima es un miembro de la propia comunidad eclesial (San Sebastián, 2003).

También se atribuye a la Iglesia padecer la "tentación de la inocencia", carecer de conciencia de haber actuado inadecuadamente respecto a esta problemática (San Sebastián, 2003: 68). Ha sido acusada reiteradamente de equidistancia, de una neutralidad imposible en un conflicto desigual y no simétrico. Ha habido quien ha explicado esta actitud desde claves como el miedo y la búsqueda de seguridad, sin dejar de mostrar hasta qué punto dicha posición comporta efectos nefastos para las propias víctimas y acaba beneficiando a los victimarios, por lo que puede ser calificada, en última instancia, de complicidad con estos (Calleja, 1997). Otra crítica habitual es la de que la Iglesia exige a las víctimas que ofrezcan el perdón, apelando a su condición humana y creyente, lo que les provoca un gran dolor (San Sebastián, 2003). En algunos casos, se llega a afirmar que la Iglesia no ha condenado la violencia e incluso que parece haber olvidado "el quinto mandamiento: ¡No matarás!", convirtiéndola en connivente con el terrorismo (San Sebastián, 2003: 172). En suma, el veredicto final que recibe la Iglesia vasco-navarra de parte de las víctimas es, en muchos casos, inapelable: culpable (Gurruchaga y San Sebastián, 2000). Incluso se eleva el nivel de la acusación, dando a entender que, en este tema, los obispos contradicen al papa, por lo que se acude a este en busca de amparo. En concreto, desde la Asociación de Víctimas del Terrorismo (AVT) se insiste ante el sumo pontífice en que "la Iglesia vasca está más cerca de los terroristas que de las víctimas" (Bastante, 2004: 145).

Todas estas críticas negativas, mayoritarias, contrastan con las experiencias personales de otras víctimas del terrorismo que percibieron un buen trato de los sacerdotes con los que se relacionaron a partir de su victimación (Cuesta, 2000). Otros, muy pocos, hacen un balance general positivo de la actitud de la Iglesia (San Sebastián, 2003).

La leyenda negra del obispo Setién[3]

Una parte importante de las críticas emitidas por las víctimas del terrorismo a la Iglesia vasca se concretan en José María Setién.

Un damnificado del atentado de Hipercor, en el que perdió a su esposa y a sus dos hijas, dice de él: "Siempre he creído que era el buitre que estaba dentro del rebaño, manteniéndose de lo que le ayudaban los terroristas; una voz hablando a favor de ellos; un señor que en realidad no tenía nada que ver con el rebaño de Dios, sino que para mí era el 'carnero', símbolo del Diablo en la Iglesia…" (San Sebastián, 2003: 160). La dureza de esta apreciación palidece ante la estremecedora confesión de la misma persona, al apuntar que incluso pensó fugazmente en este obispo como objetivo de una posible actuación de venganza (San Sebastián, 2003).

Hay varias anécdotas, repetidas por comentaristas o testigos, que han ayudado a construir una imagen negativa de Setién. Aunque, por su propia naturaleza, no son enteramente verificables, nos muestran el carácter de la controversia sobre su figura:

- La primera ocurrió el 23 de febrero de 1984 cuando el senador Enrique Casas se convirtió en la primera víctima socialista de ETA. Setién negó, pese a las encarecidas peticiones de la familia, que su funeral se celebrara en la catedral del Buen Pastor de Donostia. Argumentó que la ceremonia podría ser una provocación para la izquierda *abertzale* y dar lugar a más enfrentamientos (Laviana, 2018).
- La segunda se sitúa en 1985. El Sindicato Profesional de Policía Uniformada acusa a Setién de "discriminar a los policías nacionales destinados en el País Vasco y considerarlos feligreses de otro país"

3. Nacido en Hernani (Gipuzkoa), fue, primero, obispo auxiliar de Donostia en 1972 y, posteriormente, obispo diocesano del mismo territorio (1979-2000).

y de decirles que sus problemas habrían de solucionarlos con los capellanes castrenses. El obispo negó los contactos y la respuesta dada (Bastante, 2004: 24-25).

- La tercera corresponde a una concentración en Donostia en enero de 1996 en favor de la liberación de José María Aldaya (341 días en manos de ETA). La antigua líder del PP vasco, María San Gil, recuerda cómo el obispo "pasó de largo delante de los hijos, concentrados para pedir la liberación de su padre, y no se detuvo para darles unas palabras de ánimo y consuelo, es una imagen demoledora" (Laviana, 2018). Setién admite que no se paró ni habló con los manifestantes, pero que sí hizo un gesto de saludo y también afirma que ese hecho, interpretado como desprecio o impasibilidad, no responde al sentimiento que él tiene hacia las víctimas.
- La cuarta se produce en un encuentro entre Setién y dirigentes del PP guipuzcoano, en febrero de 1996, en el que contrastan las discrepancias surgidas tras la petición de un acto de homenaje eclesial a Ordóñez. Ante la interpelación lanzada de que el obispo ha de amar como padre a todos sus feligreses, el prelado donostiarra habría respondido: "¿Quién os ha dicho a vosotras que un padre debe querer a todos sus hijos por igual?" (Bastante, 2004: 15 y 75).

Setién es, sin lugar a dudas, la figura episcopal más significada, tanto por lo que él hace como por la atención que suscita. Ha sido quien con mayor intensidad ha disertado sobre el terrorismo y sus víctimas, ejerciendo también una gran influencia y liderazgo sobre toda la Iglesia vasco-navarra. Durante el ejercicio de su ministerio ha condenado en repetidas ocasiones el terrorismo, pero no ha sido capaz de trasladar adecuadamente su cercanía y solidaridad hacia las víctimas. También se puede alegar que adolece de un tono más político que eclesial. En su posicionamiento pastoral se muestra más formal y riguroso que compasivo, con el riesgo de terminar siendo percibido como implacable o impasible. Su pretensión de decirlo todo se impone a la idoneidad de decir lo que conviene al caso, pudiendo resultar impertinente e, incluso, equidistante. Por último, su modo de abordar la crítica, con una mezcla de dolor por la incomprensión, resignación ante la imposibilidad de romper prejuicios y cierta oscuridad argumentativa, posiblemente ayuda a resaltar más sus limitaciones que sus valores.

Se recomienda el visionado de esta breve entrevista a José María Setién, en https://n9.cl/bdgi3.

LA CRÍTICA DEL PERIODISMO

La presencia de la actitud de obispos y sacerdotes respecto de la violencia terrorista ha sido constante en los medios de comunicación y ha generado grandes polémicas en las que los propios periodistas han tenido un papel importante. Por tanto, su influencia a la hora de proyectar una imagen y generar una opinión pública significativa respecto de la Iglesia vasco-navarra ha sido inmensa. A modo de ilustración, nos acercamos a la producción de tres profesionales de los medios. En primer lugar, Jesús Bastante, periodista experto en información religiosa y actual redactor jefe de *Religión Digital*. Seguidamente, Iñaki Ezkerra, articulista en prensa escrita, escritor y miembro fundador del Foro de Ermua[4]. Finalmente, Pedro Ontoso, periodista experto en información religiosa que ha desarrollado casi toda su carrera profesional en el diario *El Correo*.

Jesús Bastante ha prestado especial atención a la Iglesia del País Vasco y Navarra. Fruto de este trabajo son sus obras *Los curas de ETA. La Iglesia vasca entre la cruz y la ikurriña* (2004) y *Setién. Un pastor entre lobos* (2006). La primera de ellas, que tiene como detonante la polémica pastoral conjunta[5] "Preparar la paz" (2002),

4. Fue una de las plataformas cívicas creadas tras el asesinato de Miguel Ángel Blanco (1997). Estas, además de condenar y movilizarse contra la violencia de ETA, también lo hacían contra lo que ellas denominaban "nacionalismo obligatorio", aunque careciese de expresiones violentas, por considerar que era cómplice del terror y que se estaba viendo beneficiado por la violencia.

5. Una carta pastoral es un documento escrito por uno o varios obispos (las llamadas "pastorales conjuntas") dirigida al clero, al laicado y a la comunidad cristiana de un

hace un semblante general de la Iglesia vasca a partir de multitud de anécdotas y testimonios de otros actores. El autor acusa a la Iglesia de nacionalismo o de connivencia con él al subrayar que, mientras los obispos muestran su preocupación por la seguridad de las víctimas tras la eventual aprobación de la Ley de Partidos Políticos (julio de 2002) que comportará la ilegalización de Batasuna, no hicieron lo mismo con motivo de la firma del Pacto de Estella-Lizarra (1998), la cual escenificó la "división y confrontación cívica" (Bastante, 2004: 6). También afirma que, si bien los obispos vascos "siempre han condenado los asesinatos", tienden a adoptar una posición equidistante éticamente indefendible, porque buscan un "equilibrio entre las víctimas y los verdugos, tratando de salvar los puentes entre el mundo *abertzale* y la conciencia cristiana" (2004: 312).

En términos similares se expresa Iñaki Ezkerra. En su obra *ETA pro nobis. El pecado original de la Iglesia vasca* (2000), elabora una dura crítica a la Iglesia vasca oficial, por su postura ante las víctimas del terrorismo. A su juicio:

- El lenguaje de los obispos es engañoso, cargado de "trampas", "tretas" y "argucias" (2000: 17), pura retórica que, con un estilo de "empalagosa sensiblería", esconde un "radical, reaccionario y violento contenido ideológico" (2000: 29).
- Las omisiones y silencios en sus documentos son clamorosos: no han criticado la presencia de militantes de ETA en las listas electorales ni los agravios a los que se somete a las víctimas; no han demandado el arrepentimiento de los terroristas; tampoco hay una condena explícita a Herri Batasuna (HB) ni al Pacto de Estella ni al Gobierno Vasco y sus partidos por el abandono y falta de reconocimiento a las víctimas, como tampoco la hay a ETA; en concreto, se echa en falta un texto episcopal dedicado a las víctimas.

---

determinado lugar. Contiene, además de palabras de consuelo pastoral en momentos difíciles, directrices sobre cómo abordar asuntos no solo teológicos, sino también políticos y sociales, incluyendo, en determinados casos, pautas concretas de actuación.

- Las vinculaciones de la Iglesia con el nacionalismo vasco son escandalosas. Ha mostrado pasividad ante él, ha sido su cómplice y se ha llegado a identificar con él, evidenciando la misma ambigüedad ante el terrorismo etarra.
- Mantiene una total falta de piedad hacia las víctimas: se ha mostrado impasible ante su sufrimiento, ha mitificado a ETA y a sus integrantes, y ha posibilitado la suplantación de las víctimas por sus verdugos.
- El discurso episcopal acerca del perdón y la reconciliación está mal orientado. Pretende rentabilizar políticamente el sentimiento de culpabilidad que puede llegar a aflorar en la víctima al comprobar el odio espontáneo que le provoca el mal sufrido. Solicitar a las víctimas que ofrezcan su perdón es, por un lado, "banalizar el dolor", convirtiéndolo en espectáculo (2000: 87), y, por otro, exigirles algo que va mucho más allá de lo que se les puede pedir, "renunciar a la venganza" (2000: 88). Por último, en ocasiones, no hace sino disfrazar el discurso de la negociación y, en cualquier caso, resulta improcedente en nuestro contexto.
- Incluso las condenas de la actuación de ETA son siempre calculadamente ambiguas, "descafeinadas" por las alusiones de deslegitimación al Estado de derecho —y correlativa legitimación consecuente del terrorismo— que las acompañan (2000: 227). Por lo que "si la Iglesia oficial vasca se lo hubiera propuesto de verdad, ETA hoy no existiría o —peor aún— que si ETA existe hoy es gracias al amparo *moral* que le ha dado y todavía le da esa misma Iglesia" (2000: 225).
- Los obispos nunca han sido objetivo de ETA por su connivencia, directa o indirecta, con el terrorismo: "¿Qué hacen ustedes que no necesitan escolta? ¿Qué han hecho ustedes para no estar amenazados por ETA? O, más exactamente, ¿qué no han hecho y deberían hacer?" (2000: 12).

Más recientemente, Pedro Ontoso ha publicado algunas monografías sobre el tema, con impactantes títulos: *Con la Biblia y la Parabelum* (2019) y *ETA, yo te absuelvo. El papel clave de la Iglesia en el Proceso de Burgos* (2020). El contenido resulta mucho más comedido —aunque manteniendo el tono periodístico altisonante y poco riguroso— y la crítica, más ponderada que la de los anteriores, pues posee mayor perspectiva histórica. Así, respecto al tema que nos ocupa: recoge la petición de perdón de los obispos a las víctimas, su reconocimiento de la tardía toma de conciencia respecto de ellas e incluso la cercanía personal de algunos de ellos (Blázquez y Uriarte) con las víctimas; también hace crónica de sacerdotes acompañantes de las Fuerzas de Seguridad del Estado, amenazados o solidarios con los políticos acosados; recoge en varios momentos referencias concretas a las iniciativas desarrolladas por el laicado creyente desde plataformas sociales de atención y acompañamiento a las víctimas. Todo ello, en el contexto de un interés prioritario por parte del autor de orientar su exposición hacia el papel de la Iglesia vasca como mediadora en la conflictividad violenta vivida y no a su relación con las víctimas (Ontoso, 2019).

LA CRÍTICA DE LOS HISTORIADORES

El terrorismo estuvo vigente entre nosotros más de cinco décadas y hace ya más de una que, por fin, desapareció. Ha transcurrido tiempo suficiente como para ser sometido al juicio histórico. Lo mismo se puede decir de las intervenciones eclesiales al respecto. De manera exploratoria, nos acercaremos a unos pocos textos de historiadores para recoger su parecer crítico respecto a la relación de la Iglesia vasco-navarra con las víctimas del terrorismo.

Comenzaremos con uno ya antiguo, la obra conjunta de Fernando García de Cortázar y Juan Pablo Fusi, *Política, nacionalidad e Iglesia en el País Vasco* (1988). En ella, la imagen global que se ofrece de la Iglesia vasca es la de una realidad problemática, internamente dividida y carente de credibilidad ante la sociedad. Este libro contiene una paradoja: se acusa a la Iglesia, por un lado, de tener un marcado carácter político y, al mismo tiempo, de haber mostrado una cierta ingenuidad al no ser los prelados[6] capaces de prever la inevitable lectura política de sus declaraciones. Además, se insiste en que es una institución políticamente identificable con el nacionalismo vasco, al que ha ayudado a nacer y a expandirse, lo que le lleva a afinidades significativas hasta el punto de poder hablarse del "nacionalcatolicismo vasco" (García de Cortázar y Fusi, 1988: 110). En cuanto a su relación con ETA, se le achaca que mantuviera una posición de ambigua tolerancia inicial que evolucionó posteriormente hasta llegar al enfrentamiento, postura esta última representada con claridad y contundencia al menos por los obispos, a los que no se les podría acusar sin cometer una injusticia de "cerrar los ojos" ante el terrorismo.

Como aspectos negativos, ambos autores resaltan que, por una parte, dado el protagonismo de ETA en la vida del País Vasco, la actividad pastoral de la Iglesia y sus controversias internas y externas han estado muy condicionadas por el terrorismo; y, por otra, sus declaraciones han estado constantemente marcadas por pronunciamientos críticos hacia el Estado y sus fuerzas de orden público, "como si se buscara una equiparación de violencias y maldades, de intransigencia y deslegitimidad" (1988: 112). Curiosamente, en la lista de errores eclesiales planteados por estos autores no figura el abandono de las víctimas del terrorismo ni su perversa igualación con los verdugos, que es una constante en los posicionamientos críticos. La posible explicación de esta ausencia ya ha sido formulada previamente: las víctimas del terrorismo no son tenidas en cuenta, no "existen" durante casi tres décadas para la sociedad vasca y española, y tampoco para la historiografía.

Si nos remitimos a obras posteriores y que muestran una actitud crítica con la actuación de las diócesis vasco-navarras, encontramos que se mantienen constantes las acusaciones de politización, connivencia con el nacionalismo o ambigüedad ante el terrorismo, pero apenas se achaca a sus dirigentes el abandono de los damnificados por el terror, el trato denigratorio a los mismos o su equiparación injusta con los causantes de su sufrimiento

6. Palabra sinónima de *obispo*.

(Andrés-Gallego y Pazos, 1999). Otro tanto se puede decir de monografías publicadas a comienzos del siglo XXI: los comentarios críticos hacia las Iglesia del País Vasco —mucho más moderados que los anteriores— no apuntan en ningún caso al tema de las víctimas del terrorismo (Callahan, 2002; Cárcel, 2003). Un texto mucho más reciente (De la Granja, 2024), alejado de la polémica, profundiza en una crítica más ponderada sobre los vínculos de la Iglesia vasco-navarra con ETA. Para ello, ofrece breves referencias a su actitud hacia las víctimas, que considera que ha mejorado con el tiempo y que, en todo caso, siempre ha estado muy condicionada por las circunstancias de cada etapa histórica.

LA CRÍTICA DESDE ÁMBITOS ECLESIALES

Podría parecer, por un lado, que las aportaciones críticas a la actitud de la Iglesia vasco-navarra ante la realidad de las víctimas del terrorismo procedieran exclusivamente de fuera de la misma. Por otro lado, también se corre el riesgo de deducir incorrectamente que la Iglesia del País Vasco y Navarra es una institución monolítica y sin disensiones internas. Para desmontar ambas percepciones es necesario escuchar las voces que, desde dentro de la Iglesia, se han manifestado particularmente beligerantes con el posicionamiento oficial. Por eso, recogemos dos pronunciamientos significativos, el de un religioso español del ámbito académico y el de una plataforma social que agrupó en su seno a un significado número de creyentes vascos.

NICETO BLÁZQUEZ

Religioso dominico y profesor universitario, es autor del libro *El nacional clericalismo vasco* (2004), en el que formula una severa crítica sobre la tendencia nacionalista del clero en el País Vasco, prestando una atención específica a la carta pastoral conjunta "Preparar la paz" (2002). A su juicio, en ella, los obispos muestran una "incomprensible opción nacionalista" (2004: 36) en favor de las tesis del Partido Nacionalista Vasco (PNV), lo que es un auténtico "pecado pastoral" (2004: 253); monseñor Setién sería un exponente claro de esta postura que es exclusivamente política y no teológica o pastoral, como debería esperarse (2004: 252, nota 30). Además, cometen una auténtica transmutación de valores morales, al anteponer incomprensiblemente la paz a la vida física de las personas. Por otro lado, manifiestan una gran preocupación por los terroristas, que contrasta con la tibieza con la que se refieren a sus víctimas. Finalmente, considera los posicionamientos episcopales erróneos debido a:

- La ideologización que se produce de la problemática, olvidando su aspecto más humano. "Los terroristas no matan a ninguna señora o señorita llamada 'democracia', sino a personas concretas con nombres y apellidos" (2004: 41).
- El "irenismo"[7] que supone proclamar el diálogo como vía de solución, cuando unos solo tienen la palabra, mientras otros hablan con las armas.

FORO EL SALVADOR

Nace en 1999 como una plataforma ciudadana integrada por sacerdotes, religiosos, religiosas, laicos y laicas de la Iglesia católica, que toma como referencia para Euskadi los tres pilares del modelo de reconciliación propuesto por los jesuitas tras la guerra en el país centroamericano: verdad, justicia y perdón. Jaime Larrínaga, José Luis Orella o Antonio Beristain son sus portavoces más destacados. Su postura crítica con los posicionamientos oficiales y explícitamente defensora de las víctimas del terrorismo, la hacen relevante. En su documento fundacional —"Manifiesto por la verdad, la justicia y el perdón en Euskadi"—, hecho público en un contexto electoral, trata de ofrecer criterios de discernimiento a la opinión pública para el ejercicio del derecho de sufragio y

7. Desde la perspectiva teológica, el *irenismo* es aquella actitud pacífica y conciliadora que pasa por alto diferencias en asuntos clave respecto de las verdades de la fe.

muestra con claridad sus críticas a la Iglesia vasca y a sus prelados, denunciando:

- La "grave hegemonía" del nacionalismo en su seno.
- El "uso perverso" que se hace de la doctrina cristiana del amor y del perdón, que sirve en última instancia para amparar al mundo de ETA.
- La equiparación entre víctimas y verdugos, que va contra el espíritu cristiano y supone dolor en los damnificados y encubrimiento de responsabilidad en los violentos.
- El abandono consecuente que padecen por parte de la Iglesia tanto las víctimas del terrorismo como los fieles no nacionalistas, para quienes se demanda solidaridad.
- La inexistencia de un discurso que muestre expresamente la convergencia entre los valores cristianos y los derechos de la ciudadanía.

Un año después, Jaime Larrínaga, respondiendo a unas polémicas declaraciones de Setién sobre el supuesto precio de la paz, publica un artículo titulado "Por una paz sin precio" (29 de enero de 2000) en el que introduce otros tres elementos de crítica:

- Los obispos vascos no deben poner precio a la paz, sino "llevarla gratuitamente a los corazones".
- Al poner precio a la paz, los prelados legitiman el chantaje de los violentos y torturan moralmente a las víctimas, en vez de aliviar su dolor.
- La "Iglesia oficial", con sus posicionamientos sobre el terrorismo, es motivo permanente de polémica en los medios de comunicación social.

La aparición de la carta pastoral "Preparar la paz" (2002) es otro momento importante de confrontación con los planteamientos episcopales. En su réplica a la misma (12 de septiembre de 2002), insistiendo en argumentos anteriores —nacionalismo y legitimación del desafío soberanista de Ibarretxe—[8], se destaca que la pastoral "reabrió la herida de las víctimas" y del propio Cristo y que emitió mensajes equivocados respecto del terrorismo: por un lado, defendiendo inconsistentemente el acercamiento de los presos, cuando lo que correspondería era predicarles la ley del amor y la necesidad del arrepentimiento, y por otro, cuestionando la Ley de Partidos, cuando en realidad la tarea de la Iglesia "no es eximir a Caín de la justicia humana, sino recordarle que su crimen reclama el juicio de Dios".

Finalmente, una idea siempre presente en los planteamientos del Foro El Salvador es la de subrayar que su crítica no es propiamente a la Iglesia vasca de la que sus integrantes se sienten miembros, sino al nacionalismo que la hegemoniza y a la actitud de sus obispos (Orella, 1999; Larrínaga, 2002). En definitiva, lo que pretenden es defender a la Iglesia de posiciones que, a su juicio, la monopolizan inadecuadamente.

"Manifiesto por la verdad, la justicia y el perdón en Euskadi" (1999)	Carta pastoral conjunta de los obispos del País Vasco: "Preparar la paz" (2002)
[...] Es alarmante y escandaloso el amedrentamiento al que han sido y son sometidos aún los ciudadanos no nacionalistas en el País Vasco; las agresiones y amenazas que les impiden presentar en libertad y en igualdad de condiciones su opción política en las elecciones. Y demandamos para ellos toda la solidaridad	[...] Son muchos los motivos por los que reiteramos una vez más que ETA debe desaparecer [...]. Viola gravemente el derecho a la vida, a la integridad física y a la seguridad personal. Al eliminar físicamente al adversario político socava los cimientos mismos del sistema democrático. Contraviene frontalmente la exigencia

8. En el año 2000, el entonces *lehendakari* Juan José Ibarretxe presentó un plan soberanista que, si bien debía desarrollarse en ausencia de violencia y partía de un teórico reconocimiento de la pluralidad de la sociedad vasca, en la práctica obviaba a la parte no nacionalista de la misma, lo que ahondaba en la fractura generada por el Pacto de Estella (1998).

de la comunidad cristiana y de sus representantes eclesiásticos. No es aceptable ni desde la ética ni desde la fe cristiana incluir en una lista electoral a presuntos asesinos que se vanaglorian de tal condición y la hacen valer como seña de identidad ideológica. Semejante aberración desautoriza moralmente tal opción política, ofende gravemente a las víctimas y promete la perpetuación de la misma violencia sufrida por estas.

ETA debe disolverse y entregar las armas sin reclamar contrapartidas políticas que no son acordes con la democracia ni con el verdadero espíritu de la Iglesia, que prohíbe matar y que añade la ley del amor a las leyes de los hombres. [...]

No es aceptable desde la ética política un proyecto de construcción nacional que se cimienta sobre las bases etnoculturales y que genera necesariamente procesos de exclusión incompatibles con el respeto a los derechos y libertades de todos los ciudadanos. El orgullo étnico y la ideología del privilegio no están en el espíritu de Cristo, que nos llamó hermanos, ni en el del Padre que nos hizo a todos iguales.

firme de la inmensa mayoría de los ciudadanos. Destroza a numerosas familias. Provoca en sus víctimas potenciales el miedo insufrible y el sobresalto continuo. Siembra en nuestra comunidad la desmoralización y la desesperanza. Conduce a sus propios activistas a un callejón sin salida. Mancha la imagen pública de nuestra sociedad. Constituye, en fin, un fortísimo obstáculo para que los desacuerdos políticos existentes en nuestra sociedad se planteen correctamente y se aborden serenamente.

La valoración moral del terrorismo de ETA ha de ser, pues, gravemente negativa. Dicha valoración afecta en la debida proporción a todas aquellas personas o grupos que colaboran con las acciones terroristas, las encubren o las defienden. [...]

[...] Atentar contra un concejal por asumir y promover la opción política de sus votantes es [...] asestar un rudo golpe a la misma democracia. [...] Los ediles en riesgo grave son una porción de la abultada población amenazada. Son algunos miles los ciudadanos que viven entre nosotros la zozobra continua por la suerte de su vida, su integridad, su

La paz no puede llegar de la mano del chantaje político ni del empecinamiento en una violencia ideológica que ratifique y reemplace a la violencia armada; ni del olvido, la injusticia o la mentira. [...]

Ser fieles a la verdad nos obliga a reconocer los crímenes de ETA y del GAL, así como la vigencia del Estado de Derecho tanto para juzgarlos como para ejercer la generosidad de unas medidas de gracia que de forma ininterrumpida vienen concediendo todos los gobiernos de la democracia, desde la amnistía general de 1977 hasta la vía de la reinserción, todavía vigente. [...]

Ser consecuentes con la justicia nos obliga a asumir el poder judicial como pilar básico del Estado de Derecho, así como a exigir y acatar la actuación de los tribunales. Y nos obliga también a honrar a las víctimas del terrorismo, a erigir monumentos en su memoria y rendirles homenajes públicos, pues no sólo han de ser indemnizadas económicamente sino moralmente por la sociedad y el Estado. Asimismo, no aceptamos que se las equipare con sus verdugos ni desde las instituciones laicas ni desde la libertad. Todos tenemos que preguntarnos si somos suficientemente sensibles al drama que ellos y sus familias padecen. Desde esta sensibilidad brotará en nosotros la necesidad de defenderlos, acompañarlos y protegerlos. Es un acto de justicia y solidaridad. Para los cristianos el cumplimiento de este oficio es un verdadero banco de prueba de la calidad de nuestra fe. [...]

La sociedad tiene el derecho y el deber de defenderse frente al azote terrorista. Ha de utilizar en esta defensa todos los medios que sean a la vez moralmente lícitos y políticamente correctos. En ningún caso debe traspasar el umbral de los derechos inviolables de las personas. [...] Resulta preocupante escuchar voces autorizadas de personas y organismos (Amnistía Internacional, Gesto por la Paz) que aseguran que no siempre se respetan debidamente estos límites que nunca deberían ser franqueados. [...]

[...] Ser nacionalista o no serlo no es ni moralmente obligatorio ni moralmente censurable. [...] Cada una de las diversas sensibilidades existentes en nuestro país debe respetar la identidad

Iglesia. Tal equidistancia no sólo va contra de la democracia y la civilización sino contra el propio espíritu cristiano. Se insulta e inflige dolor a las víctimas y se encubre la responsabilidad moral de los verdugos.

El perdón debe ser pedido, no negociado ni con Dios ni con los hombres. Debe apelar a la generosidad, no al mercadeo político. Y no es exigible o gratuito ni siquiera en el Evangelio. En los verdugos está solicitarlo, arrepentirse del daño hecho y adoptar el propósito de enmendarlo. El arrepentimiento y la penitencia son inherentes al perdón cristiano. Este debe pedirlo ETA y sus cómplices políticos a las víctimas. Debe pedirlo la Iglesia por haberlas tenido tan olvidadas. Y lo pedimos nosotros por si guardamos silencio o por si nuestra palabra no fue antes pronunciada en una voz lo suficientemente alta.

Como cristianos y personas libres, nos sentimos alarmados por la grave hegemonía del nacionalismo en la Iglesia vasca y el uso perverso que hoy se hace de la doctrina de la caridad y del perdón para amparar al nacionalismo de ETA y a sus cómplices políticos. Lamentamos lo desatendidos que hoy se encuentran de las demás. […] Son numerosos los nacionalistas que, aborreciendo de manera pública el terrorismo con las palabras y los hechos, se sienten justamente heridos cuando, de la boca de políticos o comentaristas, se confunde frecuentemente nacionalismo con terrorismo.

[Respecto de la Ley de Partidos] […] nos preocupan, como pastores, algunas consecuencias sombrías que prevemos […] y que, sean cuales fueren las relaciones existentes entre Batasuna y ETA, deberían ser evitadas. […] Probablemente la división y la confrontación cívica se agudizarían. No vemos cómo un clima social así pueda afectar favorablemente a la seguridad de los más débiles: los amenazados. Más bien nos tememos que tal seguridad se vuelva, lamentablemente, más precaria. […]

Optar por la paz lleva consigo ofrecer signos de distensión y de aproximación. Una política penitenciaria que permitiera a los presos cumplir su condena más cerca de sus lugares de origen entrañaría por ejemplo un gesto de humanidad, sobre todo para sus padres y familiares.

Optar por la paz entraña educar para la paz especialmente a las por nuestra Iglesia los fieles que no son de ideología nacionalista y las propias víctimas del terrorismo. Y reclamamos con urgencia de esa misma Iglesia, a la que pertenecemos, un discurso que por fin concilie los valores cristianos con los derechos ciudadanos.

Fuente: Foro El Salvador (1999).

jóvenes generaciones, suscitando en ellas el pensamiento crítico, la conciencia ética, la sensibilidad por toda vida humana, el respeto al diferente, el sentimiento de pertenencia a un mismo pueblo plural, el compromiso a favor de la reconciliación social.

Fuente: *Boletín Oficial del Obispado de Bilbao* (2002: 759-770).

ACTIVIDAD 2

Realiza un análisis comparativo entre los dos textos:

- ¿Cuáles son sus denominadores comunes?
- ¿Dónde están los puntos de discrepancia? Por ejemplo, ¿qué relaciones establecen entre cristianismo, nacionalismo y democracia?
- ¿Qué valoración ética te merecen cada uno de los documentos? ¿Por qué?

2. LA RESPUESTA EPISCOPAL

DEFENSA ANTE LAS CRÍTICAS

La Iglesia no pretende blindarse ante críticas que tienen relevancia social. Sin embargo, sí solicita ser tratada respetando adecuadamente las reglas de juego que sirven para todos y, por tanto, demanda ser cuestionada desde la verdad, la justicia y la libertad, con una fundada sospecha en que no siempre ha sido así. A este respecto, resulta paradigmática la nota "La Iglesia del País Vasco decidida a proseguir su lucha en favor de la Paz" (1979). Ante las declaraciones de la Consejería de Interior del entonces Consejo General Vasco, donde se apela a la Iglesia para que asuma sus responsabilidades respecto del terrorismo y abandone la actitud de silencio, los obispos de Bilbao y Donostia fijan la postura eclesial, intentando evitar que tales acusaciones se conviertan en un tópico sin fundamento: a) la Iglesia en el País Vasco ha denunciado y rechazado siempre la violencia, como se puede probar documentalmente, incluso en tiempos en los que no se hacía lo propio por parte de la oposición política al régimen franquista; b) este mensaje temprano, claro y constante está dirigido fundamentalmente a la comunidad cristiana y tiene sus propios cauces y modos de expresión; c) entre los objetivos pretendidos con esta actuación no está solamente la denuncia de la violencia, sino la educación y conversión personal y grupal, particularmente al perdón y a la reconciliación. No obstante, ante la gravedad de las imputaciones que se vierten sobre ellos, los obispos se sienten impelidos a responder periódicamente a la práctica totalidad de ellas.

INJUSTICIA DE LAS MISMAS

La injusticia de la crítica, a veces, deriva de peticiones imposibles a la Iglesia, sea en forma de palabras o de silencios. Las críticas, especialmente las vertidas sobre Setién, las consideran "desmedidas e hirientes", juicios de intenciones y descalificaciones radicales hacia la persona y su competencia para ejercer el episcopado, lo que obliga a otros obispos a salir en su defensa. En ocasiones, parece que la injusticia de la crítica queda patente citando lo contradictorio de las acusaciones —de querencia por un bando y de equidistancia calculada, de insensibilidad para con las víctimas y de falta de compromiso con el pueblo— o explicitando el inadecuado principio desde el que se emiten que no es otro que el de "conmigo o contra mí".

Los obispos critican severamente el uso que profesionales y medios de comunicación hacen de sus declaraciones, acusándoles de tergiversación, de ignorancia, de enfoque incorrecto, de silenciamiento e, incluso, de mentir. En algunas circunstancias, el referente son los partidos políticos. Así, en una ocasión, cuando los obispos —también la Conferencia Episcopal Española— rechazan la posibilidad de apoyar con su firma el Acuerdo por las Libertades y contra el Terrorismo —comúnmente conocido como Pacto Antiterrorista—, rubricado por el PP y el PSOE (2000), critican que se llegue a identificar erróneamente esta negativa con la falta de atención a las víctimas del terrorismo.

En diversos momentos, han alertado sobre las implicaciones negativas que provocan estas críticas injustas porque, a su juicio:

- Proyectan una imagen distorsionada de los representantes eclesiales, la cual, al ser aceptada de buena fe por el público, provoca en él incluso escándalo.

- Cuando se reprocha injustamente a los obispos su tibieza y cobardía frente al terrorismo, se ofende de alguna manera a toda la Iglesia en su conjunto.
- Reducen las posibilidades reconciliadoras de la Iglesia, lastrada por el peso del infundio y la calumnia.

DE NACIONALISMO

Una primera respuesta episcopal, genérica, consiste en hacer ver que, en la mayoría de las ocasiones, la crítica de politización que se lanza hacia el clero en realidad es inadecuada porque lo que le mueve es el compromiso en la defensa del bien común, de la justicia y de los derechos fundamentales del ser humano, y no una militancia política expresa.

En otras ocasiones, la misma categoría "nacionalismo" es sometida a matizaciones por algún prelado, para aclarar posturas y, consecuentemente, defenderse de la crítica:

> Si por nacionalismo se entiende amor al propio pueblo y, en consecuencia, desear para él lo mejor sin que esto sea obstáculo para ser solidario con otros pueblos, la Iglesia vasca es nacionalista [...] Ahora bien, si nacionalismo significa apoyo a una determinada opción política de partido, le puedo decir que la Iglesia vasca no es nacionalista (entrevista a monseñor Larrauri en *El Correo Español-Pueblo Vasco*, 30/03/1981).

Setién, ahondando en la primera versión del concepto, constata que la dificultad para armonizar el amor a lo propio con la solidaridad hacia el otro es a menudo interpretada como expresión de la segunda acepción del término:

> El amor a nuestro pueblo y a nuestras Iglesias entra, en ocasiones, o es visto al menos así, en conflicto con el amor que la Iglesia ha de tener, y también nosotros, a los cristianos pertenecientes a otras Iglesias particulares de España (conferencia "La Iglesia vasca y el terrorismo de ETA", 06/05/1994).

El mismo prelado sostiene y defiende que su planteamiento no se basa en una opción propiamente nacionalista, sino "en el respeto de los derechos del pueblo vasco", que posteriormente puede ser leído en clave nacionalista, pero también foralista o autonomista (debate televisivo "Ética, política e Iglesia en Euskadi", 10/01/1989).

En cualquier caso, varios obispos manifiestan su máximo dolor por ser alineados con el *abertzalismo* en general o con el PNV en particular. En su opinión, ello obstaculiza el ejercicio del ministerio episcopal, para el que han de aparecer como "obispos de todos".

DE ACTITUD INADECUADA ANTE EL TERRORISMO

Para los obispos, la imputación de silencio ante el terrorismo es especialmente errónea. Resulta evidente que se han posicionado ya desde su aparición, tanto individual como conjuntamente, contra el terrorismo y que su mensaje no solo se ha mantenido estable en el tiempo, sino que se ha incrementado cuantitativa y cualitativamente. Por ello, les sorprende que, periódicamente, tengan que recordar cuál ha sido su postura y, más aún, que lo tengan que hacer frente a quienes en su momento colaboraron o fueron indulgentes con las primeras actividades terroristas de ETA.

Todavía resulta más grave la acusación de connivencia con el terrorismo, destacándose incluso el origen casi eclesial de ETA. Según Uriarte, entonces obispo auxiliar de Bilbao, hay que rechazar esta afirmación por exagerada e imprecisa, pues los eclesiásticos que apoyaron a ETA fueron inicialmente pocos y su número se ha reducido progresivamente; algunos, por simpatía con los objetivos de la organización terrorista, no se atrevieron a censurarla en público, aunque reprobaban sus asesinatos; otros criticaron duramente tanto a la dictadura como a ETA y, por último, un grupo no despreciable, que se identificaba con el régimen franquista, desarrolló una crítica visceral del terrorismo. Pero, en cualquier caso, Uriarte afirma con rotundidad que los prelados vascos nunca han apoyado a ETA (declaraciones radiofónicas, 03/10/1981).

Las condenas a la tortura o a las extralimitaciones de las acciones policiales en la lucha contra ETA también se han interpretado como connivencia con el terrorismo. Mientras, para los obispos, lo único que pretenden esas condenas es oponerse a la inmoralidad de la doble vara de medir el uso de la violencia según quien la ejerza, mostrando así que el fin nunca justifica los medios y, en definitiva, que no hay verdadera conquista de la paz a través de la injusticia.

Además, a los obispos se les acusa de utilizar el mismo lenguaje que ETA, al emplear en sus declaraciones y textos conceptos como *paz*, *diálogo* o *reconciliación*. La respuesta episcopal se basa en la especificidad del carácter religioso y moral de sus planteamientos, que supera ampliamente el significado político que se les suele otorgar. En definitiva, la Iglesia tiene derecho a pronunciarse en su propio lenguaje, aunque, de manera superficial o parcial, coincida con otros, con los que nunca debe ser identificada.

Excluida la participación directa, la exaltación del terrorismo, que adquiriría ya la figura del delito, es la acusación más grave dirigida a la Iglesia. Dicha exaltación se podría producir bien por la justificación de la violencia, algo que episcopalmente, con toda razón, se rechaza de plano, o bien por el homenaje y reconocimiento a las personas y las acciones de los integrantes de la banda armada. Este planteamiento general no puede ocultar, sin embargo, la existencia de alguna afirmación puntual y muy particular de algún obispo —Setién— quien, rechazando sin paliativos las acciones terroristas, destaca las virtudes que pudieran acompañar a quien las desarrolla en determinadas circunstancias:

> La acción terrorista sigue siendo reprobable. No se puede enaltecer a una persona que va a poner una carga explosiva para que otra muera: porque, entonces, se estaría enalteciendo su acción condenable. Todo esto es cierto. Pero tampoco se puede ignorar que quien es capaz de dar su vida por un ideal, aunque sea un ideal equivocado, tiene una gran dosis de generosidad (entrevista, 30/09/1985).

Afirmaciones de este tipo resultan profundamente desafortunadas e injustas desde la perspectiva de las víctimas del terrorismo. Obsérvese cómo se pasa ininterrumpidamente de la reprobación moral por quitar la vida a otra persona a reconocerle la virtud de la generosidad por estar dispuesto a dar la vida por un ideal, aunque este les cueste la vida a otros. Además, en este caso, podría haberse destacado el fanatismo de tal actitud —también rechazable— y no su supuesto mérito.

DE EQUIDISTANCIA

Si algo ha caracterizado el discurso de los obispos ha sido la crítica moral sin paliativos a la violencia, fuera cual fuera su origen. Es precisamente en este punto donde se concentra más propiamente el reproche, por parecer que su posicionamiento contra el terrorismo "venga de donde venga" equipara moralmente las actividades de ETA con el uso de la fuerza del Estado (no siempre legítima y ajustada a derecho) en su combate por neutralizarlas. Los obispos rechazan la acusación, calificándola de errónea, falsa e injusta porque:

- Mostrar interés hacia todos los sufrientes no puede ser interpretado como una manera de equiparar todas las formas de sufrimiento ni de valorar del mismo modo los motivos que las originan. Tampoco las medidas pastorales que regulan la celebración de funerales han de ser entendidas así. A su juicio, en ambos casos, el error interpretativo procede de leer en clave política lo que son decisiones exclusivamente pastorales. Ya en plena Transición, los obispos vasco-navarros subrayan como norma pastoral que las celebraciones eucarísticas deben realizarse siguiendo un criterio "restrictivo", solamente a petición de los familiares directos del fallecido, garantizando estrictamente "la naturaleza religiosa del acto" y evitando "la utilización de toda clase de banderas u otros signos" de carácter político (1976). Una década más tarde, Setién insiste en el imperativo pastoral de acoger por igual a un terrorista o su víctima en la celebración de la comunidad por su condición de personas bautizadas, asegurando que en ambos casos el acto va a ser únicamente religioso, sin connotaciones políticas. Al referirse expresamente al caso de Txomin Iturbe, insistía en que:

> Quiero clarificar que "Txomin" no fue tratado como un héroe en el funeral. Conozco el texto literal de la homilía, y expresamente el sacerdote que lo celebró dijo que no recibía a "Txomin" como un héroe, sino como una persona bautizada, y que, lo mismo que de niño fue llevado a la Iglesia y esta le acogió para bautizarle, lo acogía ahora en su fallecimiento. En el funeral se excluyó la mínima sombra de mitificación. En cuanto a la acogida que "Txomin" mereció tanto por parte de Mondragón como de todo el País Vasco, eso es una cosa completamente diferente que yo creo necesario separar del funeral propiamente dicho (cfr. Mora, 1987).

Ante la interpelación por parte de un sindicato policial en una entrevista sobre cuándo un obispo vasco va a ser capaz de oficiar un funeral por un miembro de las Fuerzas de Seguridad del Estado, la respuesta del prelado no está exenta de ambigüedad y de polémica. Posteriormente, en 1994, Setién apela como motivo pastoral para no oficiar este tipo de funerales el "no ahondar las heridas de la comunidad cristiana" (2007). Visto críticamente, resulta problemático apelar al valor superior de la unidad, el bienestar o la ausencia de conflictos dentro de la comunidad cristiana si para ello se sacrifican otros principios tan importantes como la justicia, la opción por los pobres o la coherencia evangélica.

- Más en concreto, en ningún caso se pretende legitimar la violencia terrorista ni equiparar a ETA con el Estado. Lo único que realmente se equipara es el juicio condenatorio ante actos flagrantemente injustos, vulneradores de los derechos humanos fundamentales, procedan de donde procedan (de la organización terrorista o de la incontrolada intervención de los aparatos policiales, judiciales o políticos del Estado), si no se quiere caer en los errores de la doble moral o del primado de la eficacia y de la utilidad frente al respeto a los derechos humanos.

Por último, una consecuencia de la teoría de la equidistancia ha sido la identificación de la Iglesia con un espacio propio y diferenciado de los dos extremos de actuación violenta (terrorista la de ETA y represiva la del Estado), una "tercera vía" que estaría representada, en concreto, por Setién, el sindicato nacionalista Eusko Langileen Alkartasuna-Solidaridad de Trabajadores Vascos (ELA-STV) y el movimiento por el diálogo y el acuerdo Elkarri. Setién (entrevista en *El Diario Vasco*, 04/08/1996) rechaza incluso la insinuación de tal posibilidad, sin negar la coincidencia de algunos planteamientos, matizando la génesis de los mismos del siguiente modo: son propiamente tesis episcopales asumidas por otros y no al revés.

DE AMBIGÜEDAD

Los obispos rechazan dicha acusación, afirmando con rotundidad que su oposición a la violencia terrorista es clara y contundente. Lo que hacen es ofrecer todas las perspectivas valorativas de los sucesos violentos, evitando parcialidades y unilateralidades, pero no se les puede criticar por ello, ya que su actitud —no exenta de riesgos— es la respuesta adecuada a la complejidad propia de la misma realidad, aunque ello provoque muchas veces que el pensamiento ofrecido no sea tan simple y diáfano como pudiera desearse.

El efecto balanza y sus riesgos

Imanol Zubero advierte —irónica y gráficamente— del peligro de caer en el "efecto balanza", algo que posiblemente ha podido ocurrir en algunos de los discursos episcopales:

> "Hay quienes nunca salen a la calle sin su balanza de dos platillos. Se trata de un instrumento sumamente útil para evitar el compromiso [...] A este tipo de personas les das una romana con la que solo puedan pesar una cosa cada vez y se mueren del susto [...] Transmiten la impresión de que el de la solidaridad y la compasión es un juego de suma cero, de manera que si das diez a las víctimas del terrorismo es a costa de quitar diez a los presos. [...] Qué tendrán las víctimas del terrorismo para que tanta gente desenfunde su balanza tan pronto como aquellas se muestran. Menos mal que hay presos que poner en el otro platillo y así contrapesar las demandas de las víctimas".

Fuente: Zubero (1999).

ACTIVIDAD 3

Tras una lectura reposada del planteamiento de Imanol Zubero sobre el "efecto balanza" y sus riesgos, trata de:

- Definirlo con tus propias palabras.
- Aplicarlo, mostrando en qué medida has hecho uso del mismo o detectas su utilización, ya sea en el ámbito político o mediático o en tu vida cotidiana (familia, cuadrilla, grupos eclesiales, etc.).
- Mostrar cómo se relaciona con la acusación a la Iglesia de asumir una posición equidistante.

DE NO ESTAR CON LAS VÍCTIMAS

Los prelados muestran su sorpresa y dolor ante esta, a su modo de entender, infundada recriminación: la Iglesia ha hecho propio el sufrimiento de los familiares de los asesinados, han presidido funerales —especialmente a partir de mediados de la década de los noventa, en nuestra opinión, demasiado tarde— y acompañado y consolado a los allegados de las víctimas. No es cierto que hayan mostrado indiferencia ante su sufrimiento, no es verdad que hayan mirado hacia otro lado, entre otras cosas porque no podían hacerlo, porque muchos de los asesinados, la mayoría, eran miembros de las comunidades parroquiales, cristianos a los que se les ha dispensado atención y ayuda. No obstante, llama poderosamente la atención, por un lado, la ausencia de un documento de carácter pastoral que tenga como destinatarios a las víctimas y, por otro, el que no existan tampoco referencias a una dimensión pastoral decisiva, el acompañamiento necesario y posible, pero, en cualquier caso, específico, que los damnificados del terror deben recibir por parte de la Iglesia en su conjunto y de sus agentes más activos y responsables, como de hecho suele haberlo respecto de otros colectivos sociales (enfermos, ancianos, niños, presos, etc.).

DE OPOSICIÓN AL MAGISTERIO PAPAL

Esta acusación es rechazada con contundencia, afirmándose explícitamente la sintonía con el magisterio papal y la coherencia con los principios de la Doctrina Social de la Iglesia, la cual, desde la defensa de la dignidad inalienable de cada persona, trata de orientar la conducta de los creyentes para que contribuyan a la construcción de sociedades más justas y solidarias. A pesar de ello, la crítica se ha reproducido con frecuencia en distintas etapas históricas, y así se pone de manifiesto tras la presencia de organizaciones de víctimas del terrorismo ante el papa, en la búsqueda de una acogida y apoyo no sentidos de parte de los obispos. La reacción oficial de defensa de la posición episcopal es casi inmediata, sin que, en ningún caso, se quiera polemizar con las víctimas:

> Ante algunas manifestaciones que distintos medios de comunicación han adjudicado a representantes de la Asociación de Víctimas del Terrorismo (AVT) y del Colectivo de Víctimas del

> Terrorismo (COVITE), con motivo de haber saludado al Papa en una reciente audiencia general, las Oficinas de Prensa de los Obispados de Bilbao, San Sebastián y Vitoria quieren manifestar que es falso que estas diócesis no hayan condenado explícita y manifiestamente a ETA. Estas Oficinas de Prensa recuerdan que son centenares los documentos, notas y declaraciones de los Obispos y de otros organismos de estas diócesis en las que se nombra y condena nominativamente a ETA (nota de las oficinas de prensa de los Obispados de Bilbao, San Sebastián y Vitoria, 04/05/2001).

AUTOCRÍTICA EPISCOPAL

Los obispos del País Vasco y Navarra no solamente se defienden de las críticas a su tarea, también hacen evaluación de su actuación. El reconocimiento de los propios errores es algo que acontece muy pronto. En 1970 ya se admite en la diócesis vizcaína que, ante los "problemas que afectan vivamente a nuestro pueblo", se ha actuado con "lentitud y falta de firmeza evangélica". En el caso de la guipuzcoana, cinco años más tarde, se asume el daño que, por omisión, se inflige a la sociedad al no ser "capaces de presentar el Evangelio con toda su fuerza interna de renovación y reconciliación". A primeros de los años ochenta la evaluación se completa con formulaciones de las otras dos diócesis. Específicamente, los prelados lamentan no haberse explicado en ciertas ocasiones con suficiente claridad o introducir afirmaciones que, por problemáticas y discutibles, no deberían haberse realizado. Luisa Etxenike subraya los graves perjuicios que puede causar este tipo de ambigüedades en el uso del lenguaje:

> Son los momentos difíciles los que hay que (d)escribir con letra más clara [...] cuando existen razones para que se tambaleen la confianza y la esperanza ciudadanas, a la gente se le debe por lo menos la garantía del lenguaje [...] hay momentos en que las imprecisiones verbales, las frases hechas, las ambigüedades de

estilo, se vuelven aliado o escondrijo de aquello que supuestamente se pretende combatir (Etxenike, 2007).

Asimismo, son conscientes de no haber tenido suficientemente en cuenta las consecuencias de las propias declaraciones, que se interpretan inadecuadamente desde criterios distintos de los pastorales. Por otro lado, reconocen haber mostrado ciertos signos de debilidad ante la violencia y sus lamentables ausencias en el ejercicio del acompañamiento samaritano a las víctimas. Si bien insisten en que han condenado a ETA sin rodeos ni dilación, también admiten que la respuesta de otros miembros de la Iglesia como del resto de la sociedad ha sido más tardía, posiblemente porque la organización terrorista tuvo originalmente una apariencia ("careta") antifranquista, defensora de la identidad vasca y la democracia. Finalmente, subrayan que el reconocimiento de los propios errores carece propiamente de límites ante la magnitud de la tarea pues, como indica Uriarte:

> Nunca hacemos ni haremos lo suficiente por una reconciliación que repare a todas las víctimas, respete la verdad y la justicia, practique la escucha y la compasión, promueva la aproximación, propicie el perdón. Siempre quedaremos en deuda (conferencia "El papel de la Iglesia del País Vasco en la pacificación de Euskadi", 05/10/2006).

El reconocimiento de los propios errores conlleva, lógicamente, la petición de perdón por parte de los obispos. Aunque ya en 1980 nos encontramos con expresiones de su solicitud, no es hasta el presente siglo y por boca de Ricardo Blázquez —entonces obispo de Bilbao— que se explicita con claridad por primera vez:

> Desde 1968, nuestra historia ha estado convulsionada por el terrorismo. En esta dolorosa y difícil situación el Espíritu ha suscitado en nuestra Iglesia palabras y gestos a favor de la vida y la libertad y en contra de la violación de los derechos humanos. Pero tenemos que reconocer que nuestras iniciativas no han

> tenido el aliento profético ni el coraje necesarios. También, pedimos perdón porque nos han faltado gestos de cercanía y de defensa pública de las víctimas de la violencia y porque no hemos asistido suficientemente a quienes se sienten amenazados y sufren las consecuencias de la falta de libertad (declaración eclesiástica "50° aniversario de la diócesis de Bilbao", 2000).

No obstante, los prelados vasco-navarros completan su autoevaluación con un balance positivo, aunque sin triunfalismos, sobre su trabajo, que consideran temprano y constante en el tiempo. Asurmendi, obispo de Vitoria, extendiendo sin reservas al resto de las diócesis su afirmación, da cuenta de las tareas realizadas en medio del pueblo en el contexto del trabajo por la paz y la reconciliación:

> En unión con otras personas de buena voluntad y grupos sociales, hemos educado a jóvenes y mayores para la convivencia en paz y respeto a la justicia y los derechos humanos, hemos denunciado toda violencia; hemos promovido la cultura de la vida, frente al dolor de las víctimas, el temor de muchos, la falta de libertad y la cultura de la muerte (homilía del 05/08/1999).

3. LA ACTUACIÓN DE LA IGLESIA VASCA RESPECTO DE LAS VÍCTIMAS

¿QUÉ SE HA DICHO?

Las declaraciones públicas tienen una relevancia especial por su capacidad de influir en la opinión pública. No es poco lo dicho por diversos sujetos eclesiales durante todos estos años. Por ello, vamos a realizar un acercamiento parcial (centrado en la diócesis de Bilbao en algunos apartados) a diversas instancias (obispos diocesanos, organizaciones de creyentes y miembros particulares de la comunidad católica), destacando algunos casos concretos que han de ser tomados en su condición de ejemplos, no únicos y completos, pero sí relevantes.

POR PARTE DE LOS OBISPOS

Del estudio detallado (Bilbao, 2009a) de los documentos episcopales que reflejan la presencia de las víctimas del terrorismo se puede concluir que las referencias son muy abundantes (más de un millar), variadas (en diversos soportes discursivos como cartas pastorales, homilías, notas de condena, artículos de opinión, conferencias, entrevistas, etc., y circunstancias como celebraciones litúrgicas, actos académicos, encuentros eclesiales o sociales, etc.), tempranas (ya en el año 1968, al inicio de la actividad terrorista mortal), constantes, crecientes y que muestran una evolución cualitativa significativa y positiva.

Los obispos fueron de las primeras instancias que ya durante la dictadura de Franco condenaron públicamente la violencia terrorista de ETA y mostraron su condolencia con las víctimas de la misma —cosa que no hicieron otros agentes sociales—, al igual que años más tarde denunciaron el terrorismo de extrema derecha y el vinculado a los aparatos del Estado cuando muchas voces callaban ante ellos. Sin embargo, la modulación posterior de su discurso parece ir por detrás de la toma de conciencia y sensibilización social respecto de la realidad de las víctimas y de su protagonismo emergente, adaptándose, eso sí, progresiva y positivamente a ellas.

ALGUNOS HITOS EN DECLARACIONES EPISCOPALES

- Bereciartúa condena con claridad el uso de la violencia con intencionalidad política (1968).
- Tabera formula los derechos humanos como límite irrebasable de toda legalidad que combata el terror (1969).
- Larrauri hace una temprana y clara denuncia de la tortura (1971).
- Méndez, en la condena de un secuestro, utiliza por primera vez la palabra "víctima" (1973).
- Argaya inaugura la larga lista de notas de condena públicas a actos violentos (1970); utiliza por primera vez el término "terrorismo" y destaca el carácter inocente de la víctima; por último, se ofrece personalmente como víctima propiciatoria para el fin del terror (1974).
- Añoveros muestra su rechazo a la perniciosa doble moral instalada en la sociedad vasca respecto de la violencia (1974).
- Cirarda cita por primera vez con nombre y apellido a una víctima y a ETA (1969), y usa la expresión "víctima del terrorismo" (1984).
- Larrea formula la petición a la comunidad cristiana de mostrar solidaridad y cercanía con las víctimas y reconoce la condición de víctima a los familiares de los directamente golpeados por el terror (1995).
- Blázquez hace una petición explícita, directa y reiterada de perdón a las víctimas por los errores eclesiales respecto a su situación (2000).

La centralidad de la categoría "sufrimiento" en el discurso episcopal hace que en este permanentemente se acompañen las referencias y atenciones hacia las víctimas con las correlativas correspondientes a los victimarios, pues estos también sufren, a su modo, según los prelados, las consecuencias negativas del conflicto violento. Ello provoca, con razón, críticas por parte de las víctimas en la medida en que algunos de estos mensajes no diferencian con claridad entre sufrimiento injusto —el padecido por las víctimas del terrorismo o de quienes, habiendo sido victimarios, son, al mismo tiempo, víctimas de terrorismo de Estado o de excesos policiales— y sufrimiento justo —el que experimentan los victimarios cuando son procesados y condenados por los crímenes que han cometido de acuerdo a los estándares democráticos de un Estado de derecho—.

José María Setién: "La violencia como desafío a la comunidad cristiana" (1980)	**Fernando Sebastián: "Hagamos la paz entre todos y para todos" (1999)**
[...] Pero no está el pueblo solamente, ahí están también las personas que padecen más directa e inmediatamente las consecuencias y los efectos directos e inmediatos de las acciones violentas: los muertos y sus familiares, sea cuales fueran sus tierras de procedencia y las opciones políticas que ellas puedan mantener; los que padecen las amenazas que las obligan a abandonar el país; los guardias civiles y sus familiares; los empresarios que han de pagar el impuesto revolucionario o que han de abandonar el país, sin saber dónde han de hallar un lugar seguro ni cuándo han de terminar las amenazas. Independientemente de las opciones políticas que mantengan o del papel	La presencia y la intervención de las víctimas del terrorismo no será obstáculo para el proceso de pacificación. Ellos, que han sufrido más que nadie los efectos del terrorismo, desatan también más que nadie que no se vuelvan a repetir las tragedias que ellos han tenido que sufrir. Su voz nos hace recordar la cara más trágica y más inhumana del terrorismo. No podemos caer en el error

que les toque jugar por su posición en el conflicto, son personas que sufren y que comunican su sufrimiento a otras personas allegadas a ellos. Son hijos que tienen unas madres y esposas e hijos que sufren con ellos. Y quiérase o no, ese es un sufrimiento que nadie y tampoco la comunidad cristiana puede ignorar o infravalorar. Y sufren también, cómo no, los que están en las cárceles y en el exilio, los que pasan por las comisarías, y sus familiares, los que viven bajo las amenazas de acciones policíacas. Es todo este sufrimiento el que está ahí, es un pueblo que padece y ejerce la violencia.

[...] En la comunidad cristiana, existe la grave tentación [...] de refugiarse en afirmaciones generales que hablan de verdad, de justicia, de amor y de libertad, sin que tales palabras se llenen de contenido, porque —en algunas circunstancias, sobre todo— podrían herir.

Fuente: *Boletín Oficial del Obispado San Sebastián* (1980: 857-870).

de que solamente los presos son los que sufren las consecuencias de los conflictos. Los primeros en sufrir las consecuencias del terrorismo son los muertos, los mutilados, las viudas y los huérfanos, las familias irremediablemente heridas. Todos ellos merecen una preferente atención, comprensión, consuelo, ayuda personal y hasta material. Con su fortaleza ante el sufrimiento y su comportamiento ejemplar han sido y son ejemplos de entereza moral y de una admirable humanidad.

Fuente: *Boletín Oficial Diocesano Pamplona y Tudela* (1999: 92-99).

ACTIVIDAD 4

Lee los dos textos para reflexionar sobre las siguientes cuestiones:

- Respecto de las categorías "víctima" y "sufrimiento", ¿cuáles son los denominadores comunes y las diferencias entre ambos?
- ¿Qué valoración ética te merece cada uno de los dos posicionamientos?

La recepción que de las tres demandas —verdad, justicia y memoria— de las víctimas del terrorismo hacen los prelados es muy escasa, tardía y poco original, aunque mayoritariamente expresada en términos positivos y probablemente más provocada por la relevancia social que han adquirido las propias víctimas que por el uso de los abundantes dinamismos internos de los recursos y referencias específicos del mensaje cristiano. Lo que los obispos ofrecen a las víctimas es solidaridad, actitud que surge de manera espontánea y directa en ellos —sin apenas necesidad de justificación— hacia los damnificados por el terror, que, por su parte, no hacen de ella objeto de debate.

En cualquier caso, puede afirmarse que la cuestión de las víctimas del terrorismo ha sido siempre secundaria respecto a la preocupación máxima, a la prioridad episcopal en lo que a la conflictividad del País Vasco se refiere, que no es otra que el binomio "paz y reconciliación": a) "paz" en cuanto desaparición de cualquier comportamiento violento, del tipo y origen que sea, y b) "reconciliación" como confraternización y convivencia de, según la interpretación más habitual de los obispos, las partes enfrentadas en un conflicto de índole política que tiene en el terrorismo su expresión más injusta. Los recelos y rechazos explícitos del mensaje episcopal a favor de la reconciliación manifestados por algunas víctimas tienen una explicación, al menos parcial, por una parte, en el esquema simétrico de conflictividad (y de correlativa reconciliación) habitual en los prelados, que lleva a una consideración del perdón y la reconciliación como "mutuos" entre los enfrentados y, por otra, en la formulación no matizada del carácter obligante del ofrecimiento del perdón por parte de los agredidos a sus agresores, sin condiciones hacia estos.

Carta pastoral conjunta de los obispos del País Vasco: "Salvar la libertad para salvar la paz" (1981)

[…] Hemos de condenar una vez más, con voz neta y dolorida, las amenazas, los secuestros, el "impuesto revolucionario", los asaltos a bienes ajenos e instalaciones públicas perpetrados por los grupos armados. Sobre todo, no nos cansaremos de alzar insistentemente nuestra voz en contra de las muertes causadas en nombre de una supuesta justicia o estrategia revolucionaria. Estas muertes envilecen a sus autores, avergüenzan o exasperan a los ciudadanos, deterioran el sentido ético del respeto a la vida y manchan la imagen de nuestro pueblo.

[…] Las innegables deficiencias del actual modelo sociopolítico, la dureza de algunas leyes que no garantizan suficientemente los derechos fundamentales de las personas, los abusos cometidos por Fuerzas del Orden Público no justifican estas muertes ni invalidan la legitimidad de un proceso democrático respaldado por la voluntad mayoritaria de nuestro pueblo en sucesivas consultas electorales. Por ello,

Carta pastoral conjunta de Cuaresma-Pascua de los obispos del País Vasco y Navarra: "Seguimiento de Jesús y conciencia moral" (1985)

La coherencia entre la vida humana y los imperativos morales ofrece una respuesta inicial al conflicto ética y eficacia. La ética es la garantía de la más plena eficacia en la aspiración por la realización humana. Por otra parte, en la capacidad de los valores y los imperativos morales para llevar al hombre a su plenitud, tiene la norma ética el marchamo crítico de su autenticidad.

[…] La pretendida justificación de los atentados contra la persona humana en razón de los intereses colectivos más bien cuestiona la verdad y la honestidad del objetivo social o político que se dice pretender. Solamente una concepción totalitaria o colectivista de la sociedad puede dar por buenos procedimientos de actuación ordenados a destrozar a las personas, en cuya realización habría de consistir, precisamente, el auténtico y verdadero bien común. […] la sobrevaloración desmedida del fin conduce los grupos armados, que dicen actuar en nombre del pueblo vasco, no pueden aducir en favor de sus acciones mandato ni consentimiento popular.

Quienes de este modo ignoran la voluntad del pueblo y ponen en peligro su supervivencia misma, se comportan como enemigos de ese pueblo al que dicen querer defender. [...]

Fuente: *Boletín Oficial del Obispado de Bilbao* (1981: 67-71).

al totalitarismo: el totalitarismo de la pura intencionalidad, de la tecnocracia o de los movimientos revolucionarios utópicos. Hay que defender a la persona singular e histórica, frente a la razón de Estado, de la revolución o de la técnica, si no queremos que la historia se convierta en el juego de la arbitrariedad o del poder.

Fuente: *Boletín Oficial del Obispado de Vitoria* (1985: 72-106).

Carta pastoral conjunta de Cuaresma-Pascua de los obispos del País Vasco y Navarra: "Conflictos humanos y reconciliación cristiana" (1984)

La experiencia del perdón ofrecido y recibido es una experiencia humana fundamental. La carencia del perdón constituye una verdadera mutilación de la persona. Nadie sabe perdonar, si no ha sido perdonado muchas veces. Nadie puede experimentar el gozo de ser perdonado, si él no perdona. El mismo sentido de justicia privado de sensibilidad para el perdón degenera en espíritu reivindicativo, que endurece al ser humano y amortigua su capacidad de ternura. Aquí reside la más radical insuficiencia de la pura justicia [...] La capacidad para perdonar está ligada a la capacidad de comprender al otro. Si conociéramos el fondo de las personas, la génesis profunda de muchas actitudes, seríamos mucho más capaces de perdonar. Dios nos perdona plenamente, porque nos comprende.

[...] No sólo ennoblece al perdonado, sino también al ofendido. No sólo nos reconcilia con el otro, sino también con nosotros mismos. Por eso produce paz y engendra alegría.

[...] La memoria histórica es necesaria y benéfica. Pero puede convertirse en una incapacidad de olvidar que nos encadene obstinadamente a nuestros conflictos. Cuando en una sociedad existe el afán de sacar a relucir todas las vergüenzas de los demás "para que resplandezca la verdad", algo inconfesable se esconde bajo ese aparente celo por la verdad y la justicia. Frases como "el pueblo no perdona" "*herriak ez du barkatuko*" nos parecen pavorosamente inhumanas, porque pretenden eliminar de la sociedad la misma capacidad de perdonar.

La fe en la eficacia de nuestro perdón descansa sobre todo en el perdón con el que el Crucificado venció el odio y la intolerancia que le llevaron a la muerte. Desde entonces el perdón es, en su fragilidad, más vigoroso que toda la violencia del mundo. ¿Creemos de verdad en esta fuerza salvadora del perdón?

Fuente: *Boletín Oficial del Obispado de Bilbao* (1984: 66-91).

ACTIVIDAD 5

Lee detenidamente los textos para identificar y valorar éticamente su perspectiva sobre:

- Las víctimas y los victimarios.
- La legitimidad del sistema democrático.
- La relación entre ética y eficacia y entre fines y medios.
- El perdón y sus conexiones con la reconciliación.

Hay que añadir, sin embargo, que se percibe una evidente evolución positiva en los posicionamientos episcopales sobre estas cuestiones: se llegan a plantear exigencias morales a los victimarios (entre las que se encuentran el arrepentimiento o la petición expresa de perdón a la víctima) que ya no responden a planteamientos equívocamente simétricos.

Monseñor Uriarte, el obispo de la reconciliación

Junto con Setién, Uriarte es, sin lugar a dudas, el obispo vasco-navarro que más amplia y extensamente se ha dedicado al tema de la violencia, con la ventaja a su favor de un carácter e imagen más cercanos y amables que su predecesor. Respecto a las víctimas del terrorismo, es posiblemente el prelado que ha elaborado los discursos más amplios (en ocasiones mostrando gran vehemencia expresiva), caracterizándose su mensaje por: a) la preocupación por la descalificación moral que sufre la víctima con la justificación previa o posterior de su asesinato; consecuentemente, b) el reconocimiento del servicio que los colectivos profesionales de los que proceden las víctimas prestan a la sociedad; c) la exigencia de desplegar iniciativas de protección social a los amenazados; d) el apoyo personal a iniciativas sociales contra el terror; y, sobre todo, e) la insistencia en la reconciliación, de la que elabora uno de los discursos éticos y teológicos más completos y sistemáticos, destacando el papel que la Iglesia puede tener (Uriarte, 2013). Todo ello sin despegarse por completo, hasta muy tardíamente, tanto de planteamientos simétricos en la conceptualización de la conflictividad vasca como de la priorización del sufrimiento como categoría genérica, por encima de otras especificaciones relevantes.

ACTIVIDAD 6

Visualiza la entrevista a Juan Mari Uriarte que le sirve como carta de presentación de su libro *La reconciliación* (2013), en https://n9.cl/csf4p.

Reflexiona sobre las siguientes cuestiones:

- ¿Cómo diferencia entre "víctima" y "sufriente"?
- ¿Qué valoración realiza sobre el papel de la Iglesia respecto de la atención a las víctimas del terrorismo?
- ¿Qué entiende por "diálogo" y "reconciliación"? ¿Qué rol atribuye a la Iglesia en este proceso?
- ¿Estás de acuerdo con sus consideraciones? ¿Por qué?

En líneas generales, se puede afirmar que los documentos particulares procedentes de cada uno de los obispos son más numerosos, ricos, precisos y adecuados respecto de las víctimas del terrorismo que los de carácter conjunto que, a pesar de ser habitualmente más sistemáticos y reflexivos, padecen, en su globalidad, de ausencia de concreción y especificidad. Los textos particulares, surgidos en muchas ocasiones expresamente como respuesta a acontecimientos violentos, confrontados con una realidad concreta —con nombre y apellidos— y sin la necesidad de ser consensuados con otras sensibilidades personales o grupales, aparecen como el lugar más adecuado para comprobar los mejores resultados del discurso episcopal sobre las víctimas.

POR PARTE DE GRUPOS DE CRISTIANOS

Junto con los planteamientos del Foro El Salvador, no exentos de polémica en la comunidad eclesial, especialmente en la vizcaína, también nos encontramos con la carta firmada por 226 sacerdotes (05/01/2001). Se dirige a ETA, a los políticos, a la ciudadanía, a los medios de comunicación y a los responsables y miembros de las comunidades cristianas. En el punto dedicado a estos últimos, se afirma:

> Lo que pedimos a otros es también un reto para nosotros. Asumámoslo:
>
> a. La situación que vivimos ha generado y sigue generando mucho dolor y sufrimiento. Acerquémonos y solidaricémonos con cuantos lo sufren. Ellos son también rostro sufriente de Cristo:
>
> - quienes han perdido un ser querido por pura estrategia terrorista;
> - quienes son extorsionados, atacados, denigrados, pese a desarrollar actividades o defender posturas ideológicas democráticas;
> - quienes por esta misma situación sufren con una creciente desesperanza la ausencia y lejanía de unos familiares presos.
>
> b. Finalmente, los abajo firmantes reconocemos que a menudo no hemos sabido estar cerca de quienes más injustamente han sido golpeados por acciones violentas, no hemos alzado nuestra voz o realizado gestos de denuncia de conductas vejatorias. Pedimos perdón y renovamos nuestra apuesta por la paz.

De manera similar, es reseñable la nota de un grupo de curas de la diócesis de Bilbao (27/02/2003) para ser leída en las eucaristías dominicales. En ella se constata la violencia de persecución que viven los candidatos del Partido Socialista de Euskadi (PSE) y del PP y las consecuentes dificultades de ambas organizaciones para completar sus listas electorales. A la vez que se denuncia la situación, se muestra la solidaridad con las personas afectadas y se reconoce el testimonio de quienes se prestan con su nombre a completar las candidaturas.

En contraste, en unos términos éticamente muy cuestionables, se ha pronunciado de forma periódica la Coordinadora de Sacerdotes de Euskal Herria. Por ejemplo, en su carta al papa Juan Pablo II defiende el derecho a la autodeterminación de los vascos y sostiene que el origen de la violencia en Euskadi reside en "un conflicto producido por la falta de reconocimiento de nuestros derechos colectivos" y muestra su solidaridad hacia todos los sufrientes del mismo (*Deia*, 14/05/2003)[9].

POR PARTE DE CREYENTES PARTICULARES

Es muy difícil condensar las aportaciones realizadas por creyentes de las diócesis vasco-navarras sobre las víctimas del terrorismo. De ahí que nuestra aproximación no deje de tener un carácter ilustrativo.

Entre las voces individuales de creyentes vizcaínos que han manifestado públicamente su posicionamiento podemos destacar al jesuita Rafael Aguirre. Su preocupación por la vida sociopolítica y por el lugar de la fe cristiana en ella le hacen participar activamente en los medios de comunicación (Aguirre, 1998). Respecto a la cuestión que nos ocupa, hay que destacar una entrevista en la que fija con claridad su postura (*Vida Nueva*, 07/11/1998):

- Reivindica la verdad, la justicia y la memoria debidas a las víctimas.
- Reconoce el déficit de una solidaridad eficaz en la actuación eclesial respecto a los damnificados por el terrorismo.

9. Para profundizar en una evaluación crítica del posicionamiento de la Coordinadora de Sacerdotes de Euskal Herria, véase Sáez de la Fuente (2002).

- Exige un escrupuloso cuidado para no provocar más ofensa y sufrimiento a las víctimas del ya causado por actuaciones inadecuadas (abandono, difamación...).
- Demanda un acompañamiento adecuado a los injustamente tratados, para que puedan dar el difícil y humanizador paso del perdón.

Años después, completa estos planteamientos profundizando en el significado político de las víctimas, que no es otro que la denuncia (y necesaria derrota) de la causa por la que fueron asesinadas, destacando el carácter de patrimonio común para toda la sociedad democrática que ellas representan y advirtiendo de los peligros que comportaría hacer una interpretación inadecuada de su lugar en la vida política vasca.

Otra referencia durante estos años ha sido la de Isaac Díez, salesiano, portavoz de la familia de José Antonio Ortega Lara (víctima del secuestro más largo de ETA). En su discurso destaca el valor y el significado profundos de la realidad de las víctimas. Además, alerta sobre las distorsiones que puede provocar su relevancia social, fruto de los fallos cometidos en el tratamiento social, legal y político de su situación, obligándoles a asociarse para reivindicar sus derechos y forzándolas incluso a adoptar una actitud victimista.

Entre los religiosos y sacerdotes no han faltado otras voces y testimonios públicos en favor de las víctimas del terrorismo, como José M. Delclaux, Jesús Sánchez Maus o Javier Vitoria. En Gipuzkoa se puede recordar a Pako Etxebeste —entre otros integrantes del grupo Etikarte (2013)— o a José Ignacio Calleja (2006) en Vitoria.

Es importante tener en cuenta que, en las homilías, los sacerdotes vasco-navarros podían emitir determinados pronunciamientos públicos en otra dirección, pero, por su propio carácter, no son habitualmente recogidos y conservados. Ello hace difícil realizar una evaluación adecuada de las mismas.

Otra persona que no puede faltar, pasando ya al laicado católico, es Imanol Zubero, activista del pacifismo vasco, profesor universitario y habitual colaborador en medios de comunicación

(Zubero, 2000). En sus intervenciones, alerta del peligro social de ejercer lo que denomina un "despotismo compasivo" con las víctimas (*El País*, 21/12/2004) y, consecuentemente, considera una buena noticia el hecho de la irrupción de las víctimas del terrorismo como sujeto político activo (*El País*, 23/09/2003), a menudo sorprendente por su sabiduría y madurez para enfrentar su experiencia traumática (*El País*, 06/04/2004) y, siempre, "un indicador de la salud moral" de la sociedad (*El País*, 18/05/2005). Todo ello hace de su presencia una realidad incómoda para el resto de la sociedad, como ha de ser, mientras no lleguen a la indeseable situación de un enfrentamiento entre ellas mismas (*El País*, 25/05/2005). Finalmente, Zubero presta especial atención a la cuestión de la memoria y la correcta consideración del tiempo respecto de las víctimas: no se puede, a riesgo de infligir una nueva injusticia hacia los damnificados por el terror y de hurtar un valioso aprendizaje a las generaciones más jóvenes, caer en la tentación de pretender avanzar hacia un futuro en paz sin haber prestado la suficiente atención a las víctimas (*El Correo*, 26/03/2006), sin hacerles el necesario duelo (*El Correo*, 28/05/2006) y sin ofrecerles la posibilidad de desarrollar adecuadamente su papel de testigos morales de la tragedia (*El Correo*, 11/06/2006).

También ha de ocupar un lugar destacado el catedrático emérito de Ética de la Universidad de Deusto, Xabier Etxeberria, que desde sus convicciones religiosas, adscripción pacifista, experiencia pedagógica y competencia intelectual ha enriquecido significativamente la reflexión acerca de las víctimas del terrorismo, con gran rigor, sensibilidad y profundidad. Nos limitamos solamente a condensar en unas líneas algunos de los textos más destacables de su gran producción: su propuesta de presencia de las víctimas del terrorismo en el contexto educativo vasco (Bilbao y Etxeberria, 2005) marca una orientación referencial acerca de la temática que nos ocupa, que prefigura su ambiciosa reformulación de la educación para la paz desde la centralidad de las víctimas (Etxeberria, 2013); sus múltiples intervenciones públicas tienen como resultado varios escritos en los que no se renuncia a fijar una postura respecto de cuestiones problemáticas sobre las víctimas del terrorismo, como son la de su presencia pública organizada (Etxeberria, 2007c), la de su memoria (Etxeberria, 2007b) o las del perdón y la reconciliación (Etxeberria, 2007a y 2007d).

Entre el laicado católico de Bizkaia no han faltado otras voces y testimonios públicos en favor de las víctimas del terrorismo, como es el caso de Carlos García de Andoin, Juan Luis de León o Pedro Luis Arias. En Álava, Jesús Prieto ha mantenido un mensaje constante en favor de las víctimas.

¿QUÉ SE HA HECHO?

Aunque el hecho de decir ya es hacer algo, es innegable que resulta, al menos en este caso, insuficiente, en particular teniendo en cuenta que nos encontramos ante una situación extremadamente injusta, con pérdidas materiales, psicológicas y espirituales importantes. En esas ocasiones, no basta con las palabras. La fe católica siempre ha tenido una especial consideración hacia su dimensión práctica, que sirve para testimoniar, verificar y hacer creíble la convicción religiosa en la sociedad. Por ello es necesario completar el recorrido iniciado con la consideración de lo que la Iglesia vasco-navarra y sus miembros han hecho por las víctimas del terrorismo.

Un obstáculo no menor a la hora de poder hacer una evaluación ajustada a la realidad es la dificultad de acceder adecuadamente a los datos concretos. Muchas actuaciones eclesiales respecto a las víctimas, por corresponder al ámbito de la privacidad, por desarrollarse con la necesaria discreción o por ser realizadas por personas creyentes anónimas, escapan al conocimiento de los observadores.

Personalmente, de manera espontánea y sin haber realizado ninguna búsqueda concreta, hemos llegado a tener conocimiento fehaciente y testimonial de unos pocos casos en los que representantes eclesiales de distinto rango han visitado, acompañado y consolado a las víctimas, ofreciéndoles su apoyo espiritual y material; incluso alguna institución diocesana, desde su especificidad y competencia profesional, ha prestado sus servicios a varios damnificados por el terror. Pero hay que aceptar que, desde la parcialidad y particularidad de estas situaciones, es imposible hacer una evaluación aproximada de esta realidad. Por otro lado, es también más que probable que varias de las deficiencias que pudieran apuntarse en este campo a las representaciones oficiales o institucionales de la Iglesia hayan sido subsanadas de algún modo por creyentes particulares, que desde la fe o la cercanía humana han mostrado su solidaridad con quienes sufrían injustamente.

En otras ocasiones, la generalidad de las formulaciones de actuación y la ausencia de referencias y evidencias posteriores dificultan evaluar adecuadamente lo realmente hecho. Así, por ejemplo, el II Plan Diocesano de Evangelización (1998-2003) de la diócesis de Bilbao solamente indicaba, de manera genérica, "acercarse, con signos y gestos significativos, a las personas y familias que sufren las consecuencias de la violencia: víctimas, amenazados, presos…", sin que conste el nivel de realización de esta tarea.

En el terreno de los comportamientos prácticos merece la pena citar el caso de los cuatro sacerdotes diocesanos vizcaínos (Basagoiti, Sánchez, Vega y Villarroel, 2003) que, destacando la excepcionalidad del contexto de la violencia de intencionalidad política (amenazas y atentados contra los representantes municipales del PP y del PSE, con las consiguientes dificultades para presentar candidaturas), deciden completar los últimos puestos de las listas electorales de estos partidos en varias localidades vizcaínas durante los comicios municipales de 2003, sin participar en sus actos de campaña. Lo hacen por coherencia evangélica, como gesto de solidaridad y cercanía hacia los amenazados, compartiendo sus difíciles condiciones vitales y sin que ello deba entenderse como identificación política con su ideología y planteamientos.

Asimismo, debemos recordar la polémica cuestión de los funerales y celebraciones conmemorativas alrededor de las víctimas del terrorismo. El modo en que durante muchos años se han celebrado los funerales es una dolorosa y triste expresión del déficit eclesial respecto de los asesinados y la atención que ellos, sus familias y grupos de pertenencia merecían. En Bizkaia, por ejemplo, la presencia episcopal en los funerales fue anecdótica hasta la llegada de Ricardo Blázquez, que la convierte en habitual y modifica *de facto* la normativa práctica al respecto. La presencia de clero diocesano también ha resultado excepcional hasta tiempos recientes, así como la de la comunidad cristiana diocesana en su conjunto. Hay que subrayar que elementos colaterales del acto —la presencia de autoridades gubernamentales y las consecuentes medidas de seguridad y protocolo o, también, los evidentes peligros de manipulación política de un acto religioso— han dificultado tanto la celebración en la comunidad parroquial correspondiente —optándose con frecuencia por centralizarla en un único templo—, como también, en muchos casos, la participación masiva. La ausencia de actos religiosos específicos de memoria hacia las víctimas o la negativa a realizarlos por considerarlos inadecuados o contrarios a la práctica pastoral general no han hecho sino profundizar el malestar y la polémica.

Por otro lado, no se puede olvidar el trabajo de sensibilización, concienciación y educación para la paz que la Iglesia ha desarrollado hacia todos los miembros de la comunidad diocesana, con especial atención hacia los más jóvenes, utilizando diversas plataformas (parroquias, centros educativos, movimientos y organizaciones laicales, etc.) y medios concretos (campañas, actos públicos, materiales, etc.). Así, se pueden citar, a modo de ejemplo, las marchas montañeras (subidas a Urkiola, Aránzazu, Ziortza, etc.), campañas diocesanas, varios ciclos de conferencias organizados por los centros teológicos diocesanos, el Jubileo Paz y Reconciliación (2000) o, cómo no, la Semana por la Paz que se desarrolla en los centros educativos (alentada desde Escolapios-Itaka) a finales de enero de cada año, coincidiendo con la conmemoración del asesinato de Gandhi. No se puede dejar de decir que varias de estas iniciativas han estado acompañadas de polémica intraeclesial por algunos de sus contenidos y planteamientos y que, en la práctica totalidad de ellas, la prioridad asignada al binomio "paz y reconciliación" como objetivo social provoca a veces el ocultamiento de la realidad de las víctimas del terrorismo o, al menos, la asignación a las mismas de un papel secundario.

Sin pretender patrimonializar desde instancias creyentes una iniciativa de carácter civil y aconfesional, sí que hay que citar, al menos, el trabajo y compromiso a favor de las víctimas del terrorismo desarrollado por Gesto por la Paz, varios de cuyos integrantes y grupos surgen de la matriz eclesial (Sáez de la Fuente y Bermúdez, 2025). Ha sido precisamente la cercanía hacia los damnificados por el terror la que ha posibilitado el desarrollo de una experiencia estable de reconocimiento y concienciación social sobre ellos que se concretaba en las Jornadas de Solidaridad con las Víctimas, donde hubo oportunidad de reflexionar sobre su situación y, sobre todo, escuchar su testimonio directo y provocador.

El nuevo contexto tras el fin de ETA:
el caso de la diócesis de Bilbao

El final de la actividad terrorista de ETA (2011) y su posterior disolución (2018) configuran un escenario radicalmente distinto. La Iglesia de Bizkaia aprovecha esta circunstancia para formular, por primera vez (2012), una acción pastoral consensuada en sus máximos órganos de representación y corresponsabilidad que establece las líneas de actuación de la Comisión Diocesana de Paz y Reconciliación. A partir de ese momento, se despliega un modesto pero profundo programa de actuación con la superación de los errores cometidos en la relación con las víctimas como uno de sus ejes fundamentales:

- Se inicia un proceso de relación, escucha y recepción de críticas con un grupo reducido y variado de víctimas. Se hace autocrítica consecuente, se asumen compromisos concretos hacia ellas y se culmina con una celebración solemne.
- Consecuencia de lo anterior, se mantiene la relación con el grupo de víctimas, que pasa a ser lugar de contraste de toda la actuación de la Comisión y, a su vez, se las acompaña y asesora en sus intervenciones públicas.
- El testimonio de las víctimas tiene una entrada habitual en los centros educativos diocesanos, amparados en el programa Adi-adian del Gobierno Vasco.

- Se producen celebraciones litúrgicas diocesanas en memoria de las víctimas.
- Se organizan encuentros cuaresmales anuales (Bake Topaketa) en los que las víctimas y sus testimonios tienen un lugar central.
- Se celebra en toda la diócesis el Día de la Memoria (10 de noviembre) con actividades específicas y participación en los actos públicos.

Junto con todas estas iniciativas, también las órdenes religiosas despliegan un buen número de proyectos. Por ejemplo, la Compañía de Jesús abre sus colegios y universidad al testimonio de las víctimas, elabora procesos de memoria crítica de la actuación de sus instituciones respecto de las víctimas, organiza talleres de perdón y reconciliación, etc. Se puede concluir que, en la actualidad, cuando la sensibilidad social acerca de las víctimas del terrorismo ha decaído significativamente, la Iglesia mantiene vivo su compromiso hacia ellas.

RECAPITULACIÓN CONCLUSIVA: LA PRESENCIA DE LAS VÍCTIMAS EN LA VIDA ECLESIAL

El lugar que las víctimas de la violencia terrorista han tenido en el discurso y actuaciones de la Iglesia vasco-navarra no está exento de polémica. Es duramente criticada por ello —no siempre con argumentos consistentes— desde distintos sujetos sociales, miembros de la propia Iglesia y un grupo significativo de víctimas, quienes enmarcan este cuestionamiento en su duro reproche hacia el abandono del que, durante más de tres décadas, han sido objeto por parte de la sociedad vasca y española en su conjunto. Dicha apreciación no ha de ser tomada como exculpación de la actitud eclesial, sobre todo porque en la tradición cristiana hay recursos suficientes como para haber esperado de ella una actitud significativamente mejor en la atención a las víctimas del terrorismo.

Las críticas vertidas contra la Iglesia (y especialmente contra sus obispos) engloban un amplio espectro de acusaciones: abandono de las víctimas y exigencia a las mismas de ofrecimiento de perdón; actitud inadecuada ante el terrorismo que va del silencio a la connivencia delictiva; autoconciencia (errónea) de inocencia; ambigüedad, equidistancia, equiparación y hasta confusión entre víctimas y verdugos; intromisión ilegítima en el terreno político y defensa en él de posturas nacionalistas (vascas); incluso, contradicción en este terreno con el magisterio papal. Los prelados vasco-navarros se han mostrado sensibles a las críticas que su actuación ha provocado: las han acogido, se han defendido de las que consideraban acusaciones injustas, han legitimado su actuación, han reconocido algunos errores e, incluso, han pedido perdón por ellos.

La Iglesia vasco-navarra fue una de las primeras instancias que ya en la dictadura de Franco condenó públicamente la violencia terrorista de ETA y mostró su condolencia con las víctimas, al igual que años más tarde denunció el terrorismo de extrema derecha y el vinculado a los aparatos del Estado. En cualquier caso, la cuestión de las víctimas del terrorismo ha sido secundaria respecto a la prioridad eclesial centrada en la paz y la reconciliación. No se puede decir que exista en los obispos del País Vasco y Navarra un discurso sobre las víctimas del terrorismo suficientemente específico, desarrollado y articulado; de hecho, se echa en falta un documento episcopal dedicado expresamente a ellas. A su vez, la recepción por parte de los prelados de las demandas —de verdad, justicia y memoria— que las víctimas del terrorismo hacen es muy escasa, tardía y poco original. En general, los criterios de actuación pastoral se muestran formalmente impecables, pero una aplicación estricta de los mismos, sin excepciones ni consideración de circunstancias, ha llevado a convertirlos en motivo de disputa. En contraste, solidaridad y reconciliación son los dos grandes ofrecimientos que los responsables eclesiales plantean a las víctimas del terrorismo. El mensaje de solidaridad es temprano, abundante y sostenido, pasándose, ya en la década de los noventa, a demandar dicha actitud a la comunidad cristiana. La llamada a la reconciliación es clara y constante y, en muchos casos, rechazada por las propias víctimas.

En los últimos años (2011-2025), coincidiendo con la desaparición definitiva de ETA, tanto lo dicho como, sobre todo, lo hecho por la Iglesia vasco-navarra y sus integrantes en relación a las víctimas del terrorismo ha sufrido un avance significativo y una evolución positiva, tardía, pero en cualquier caso pertinente, aunque siempre mejorable. Así lo ilustra la siguiente nota pública de los obispos vasco-navarros.

Nota pública de los obispos de Pamplona-Tudela, Bayona, Bilbao, Vitoria y San Sebastián (20/04/2018)

1. La Iglesia católica presente en las diócesis de Pamplona-Tudela, Bilbao, Vitoria y San Sebastián y Bayona valora lo que de positivo tiene la "Declaración sobre el daño causado" de la banda terrorista ETA, después de 60 años de historia de muerte y de sufrimiento. Deseamos de todo corazón que el saludo bíblico "Paz a vosotros" se enraíce en nuestra tierra para siempre.

2. En esta circunstancia, reiteramos nuestra solidaridad de una forma especial con todas las víctimas de la violencia y con sus familiares, de un modo especial con aquellos cuyos atentados no han podido todavía ser esclarecidos y padecen el sufrimiento añadido de la impunidad. Su memoria y la oración por ellos debe estar siempre entre nosotros. No podemos por menos que recordar el mensaje de las bienaventuranzas predicado por Jesucristo, que hoy resuena como especialmente dirigido a todos ellos (cfr. Mt 5).

3. La Iglesia ha recibido de Jesucristo la vocación a ser instrumento de paz y de justicia, de consolación y de reconciliación. A lo largo de todos estos años, muchos de los hombres y mujeres que conforman la Iglesia han dado lo mejor de sí mismos en esta tarea, algunos de forma heroica. Pero somos conscientes de que también se han dado entre nosotros complicidades, ambigüedades, omisiones… por las que pedimos sinceramente perdón. Como seguidores de Jesús de Nazaret, somos conscientes de que estamos llamados a vivir en una actitud permanente de conversión, sirviendo humildemente a la verdad y acogiendo a aquellas personas que desean emprender un camino nuevo.

4. Además del inmenso y prolongado sufrimiento infligido por la violencia, nuestro pueblo ha padecido un daño espiritual y social incalculable, provocado por las ideologías totalitarias e idolátricas que alimentaron el fenómeno terrorista. En el momento presente, nuestra sociedad tiene que afrontar el reto de la reconstrucción moral y de la reconciliación. La Iglesia quiere contribuir a esta tarea consciente de que la reconstrucción moral está en íntima conexión con los valores evangélicos.

5. La deseada disolución de ETA ofrece nuevas posibilidades para la normalización, que debieran de ser aprovechadas por todos. Pensamos en la oportunidad de atender las peticiones de los familiares de los presos inmersos en diversas necesidades humanitarias. También es importante que el retorno de los excarcelados a sus lugares de origen se realice de forma que las víctimas del terrorismo no se sientan humilladas.

6. La clave de la paz y la reconciliación está en la sinceridad del corazón humano. Solamente desde la humildad puede construirse la paz en la justicia. La verdadera reconciliación solo es posible si existe un auténtico arrepentimiento y una sincera petición de perdón; además de una disposición real a reparar el mal causado en la medida de lo posible.

Que el Dios de la misericordia nos ilumine a todos para avanzar por el camino de la paz.

Mons. Francisco Pérez, arzobispo de Pamplona y obispo de Tudela
Mons. Mario Iceta, obispo de Bilbao
Mons. José Ignacio Munilla, obispo de San Sebastián
Mons. Juan Carlos Elizalde, obispo de Vitoria
Mons. Juan Antonio Aznárez, obispo auxiliar de Pamplona
Mons. Marc Aillet, obispo de Bayona

ACTIVIDAD 7

Lee detenidamente la nota de los obispos e identifica sus ideas principales. En concreto, reflexiona sobre si percibes diferencias en el tratamiento de determinados temas respecto de declaraciones anteriores reflejadas en este libro:

- Las víctimas y sus derechos a la verdad, a la justicia y a la reparación.
- La relación entre arrepentimiento y perdón.
- La defensa de los derechos de los presos de ETA.

BIBLIOGRAFÍA

Aguirre, R. (1998): *El túnel vasco. Democracia, Iglesia y terrorismo*, Oria, Alegia.

Andrés-Gallego, J. y Pazos, A. M. (1999): *La Iglesia en la España contemporánea /2: 1936-1999*, Encuentro, Madrid.

Atxik Berrituz (2025): *Emazte eta gizon kristauak Euskal Herriko Bake Prozesuan*, Maiatz, Baiona.

Basagoiti, A.; Sánchez, J.; Vega, L. M. y Villarroel, P. (2003): "Comunicado de curas en las listas de partidos amenazados", material fotocopiado.

Bastante, J. (2004): *Los curas de ETA. La Iglesia vasca entre la cruz y la ikurriña*, La Esfera de los Libros, Madrid.

— (2006): *Setién. Un pastor entre lobos*, La Esfera de los Libros, Madrid.

Bilbao, G. (2009a): *Sacrificadas a los ídolos. Las víctimas del terrorismo en el discurso de los obispos vasconavarros (1968-2006)*, IDTP-DDB, Bilbao.

— (2009b): *Los hermanos de Job. La Iglesia de Bizkaia ¿junto a las víctimas del terrorismo?*, IDTP-DDB, Bilbao.

Bilbao, G. y Etxeberria, X. (2005): *La presencia de las víctimas del terrorismo en la educación para la paz en el País Vasco*, Bakeaz, Bilbao.

Blázquez, N. (2004): *El nacional clericalismo vasco*, Edibesa, Madrid.

Callahan, W. (2002): *La Iglesia católica en España (1875-2002)*, Crítica, Barcelona.

Calleja, J. I. (2006): "Ética, conflictos sociales y reconciliación: el País Vasco en el horizonte", *Lumen*, (55)4-6, pp. 283-299 y 449-473.

Calleja, J. M. (1997): *Contra la barbarie. Un alegato a favor de las víctimas de ETA*, Temas de Hoy, Madrid.

Cárcel, V. (2003): *Breve historia de la Iglesia en España*, Planeta, Barcelona.

Cuesta, C. (2000): *Contra el olvido. Testimonios de víctimas del terrorismo*, Temas de Hoy, Madrid.

De la Granja, S. (2024): "Iglesia vasca y terrorismo de ETA", en J. C. Martín de la Hoz (ed.), *Violencia y hecho religioso*, Rialp, Madrid, pp. 315-335.

Diócesis de Bilbao (1998): II Plan Diocesano de Evangelización (1998-2003), https://n9.cl/i5zlj.

Etikarte (2013): *Vivir juntos en paz hoy y aquí*, Oreki Fundazioa, Lasarte-Oria.

Etxeberria, X. (2007a): "¿Qué perdón necesitamos y qué perdón es políticamente posible en España y en la sociedad vasca?", *Sal Terrae*, 95, pp. 59-73.

— (2007b): *Dinámicas de la memoria y víctimas del terrorismo*, Bakeaz, Bilbao.
— (2007c): *La participación social y política de las víctimas del terrorismo*, Bakeaz, Bilbao.
— (2007d): *Nuevos horizontes, nueva convivencia. Horizonte de victoria, horizonte de reconciliación*, IDTP-DDB, Bilbao.
— (2013): *La educación para la paz reconfigurada. La perspectiva de las víctimas*, Los Libros de la Catarata, Madrid.
Etxenike, L. (2007): "Pacitud", *El País* (edición País Vasco), 14 de enero.
Ezkerra, I. (2000): *ETA pro nobis. El pecado original de la Iglesia vasca*, Planeta, Barcelona.
Foro El Salvador (1999): "Manifiesto por la verdad, la justicia y el perdón en Euskadi", *ABC*, 11 de junio.
García de Cortázar, F. y Fusi, J. P. (1988): *Política, nacionalidad e Iglesia en el País Vasco*, Txertoa, San Sebastián.
Gurruchaga, C. y San Sebastián, I. (2000): *El árbol y las nueces. La relación secreta entre ETA y PNV*, Ediciones Martínez Roca, Barcelona.
Larrínaga, J. (2000): "Por una paz sin precio", *El Correo*, 29 de enero.
— (2002): "Nosotros también somos vascos", *La Razón*, 26 de diciembre.
Laviana, J. C. (2018): "Monseñor Setién, el obispo que consoló a ETA", *El Español*, 10 de junio.
Lozano, J. (2011): "María San Gil relata sin tapujos su trágica experiencia con el obispo Setién", *Libertad Digital*, 27 de junio.
Mora, F. (1987): "Monseñor Setién, obispo de San Sebastián: 'La solución a ETA no es solo política'", *Interviú*, 8 de abril, pp. 18-23.
Obispos de Bilbao, Donostia y Gasteiz (2002): Nota de las oficinas de prensa de los Obispados de Bilbao, Donostia y Gasteiz "Preparar la paz", *Boletín Oficial del Obispado de Bilbao*, pp. 759-770, 29 de mayo.
Oficinas de prensa de los Obispados de Bilbao y San Sebastián (1979): "La Iglesia del País Vasco decidida a proseguir su lucha en favor de la Paz", *Boletín Oficial del Obispado de Bilbao*, pp. 75-76.
Ontoso, P. (2019): *Con la Biblia y la Parabelum*, Península, Madrid.
— (2020): *ETA, yo te absuelvo. El papel clave de la Iglesia en el Proceso de Burgos*, Ediciones Beta, Bilbao.
Orella, J. L. (1999): "Carta al director", *El País* (edición País Vasco), 29 de junio.
Sáez de la Fuente Aldama, I. (2002): *El Movimiento de Liberación Nacional Vasco, una religión de sustitución*, Elizbarrutiko Telogia eta Pastoraltza Institutua, Bilbao.
Sáez de la fuente, I. y Bermúdez, A. (2025): *No en mi nombre: la oposición de Gesto por la Paz a la violencia*, Los Libros de la Catarata, Madrid.
San Sebastián, I. (2003): *Los años de plomo. Memoria en carne viva de las víctimas*, Temas de Hoy, Madrid.
Setién, J. M. (2007): *Obras completas IV. Iglesia y Evangelización. I. La Iglesia al servicio de la evangelización*, Idatz, San Sebastián.
Uriarte, J. M. (2013): *La reconciliación*, Sal Terrae, Santander.
Zubero, I. (1999): "La balanza", *El País*, 17 de febrero.
— (2000): *Columnas vertebradas. Escritos sobre violencia, política y sociedad en el País Vasco*, Hiria, Alegia.

Deusto
Centro de Ética Aplicada
Etika Aplikatuko Zentroa

GALO BILBAO ALBERDI

Filosofiako eta Teologiako lizentziaduna eta Teologiako doktorea da (Deustuko Unibertsitatea). Gaur egun, Deustuko Unibertsitateko irakaslea da, Bilboko campusean, eta Etika Aplikatuko Zentroko kidea. Begoñako Andra Mari (BAM) Irakasleen Unibertsitate Eskolan ere irakasten du. Beraren argitalpenek etika sozial eta politikoa lantzen dute batez ere. Jarduera zibiko eta akademiko handia garatu du bakerako hezkuntzaren esparruan, bereziki euskal gatazka eta biktimak kontuan hartuta, eta hainbat ekimenetan hartu du parte, besteak beste, ikasgeletara biktimen lekukotasuna eramateko programetan, alde bateko eta besteko biktimen arteko topaketetan eta biktimen eta biktimagileen arteko topaketa errestauratiboetan. Bakearen Aldeko Koordinakundeko eta Bakeaz erakundeko kidea izan zen. Beraren beste ikerrarlo batzuk etika profesional eta teknozientifikoa eta erakundeen etika dira.

IZASKUN SÁEZ DE LA FUENTE ALDAMA

Deustuko Unibertsitateko Etika Aplikatuko Zentroko irakaslea eta ikertzailea da. Zientzia Politikoetako eta Soziologiako doktoregoa (Zientzia Politikoetako espezialitatean) eskuratu zuen Euskal Herriko Unibertsitatean 2001ean, *El Movimiento de Liberación Nacional Vasco, una religión de sustitución* (2002) izenburuko tesiarekin. Gatazkei eta bake kulturei buruzko ikerrildoan, Euskadiko motibazio politikoko indarkeriari lotutako prozesu sozial, politiko eta kulturalak aztertzen ditu, motibazio etiko-politiko argiarekin, biktimei leku nagusia emanez. 2018an sortu zenetik, Euskadiko Memoriaren, Historiari buruzko Hezkuntzaren eta Bakearen Eraikuntzaren inguruko Ikaskuntza Komunitatean parte hartzen du. Aurretik, Memoria, etika eta justizia: *ETAren estortsioa eta indarkeria enpresa munduaren aurka (2012-2016)* diziplinarteko proiektua zuzendu zuen. Proiektu horrek DU-Banco Santander ikerketa-sariaren accesita lortu zuen (2017), eta agenda publikoan jarri zuen ETAren indarkeriaren barruan bereziki ikusgaitza izan zen dimentsio bat.
Research ID: Web of Knowledge: R-1052-2018/ orcid.org/0000-0001-9099-2653.

Galo Bilbao Alberdi
eta Izaskun Sáez de la Fuente Aldama

Samariar ona?

EUSKAL ELIZA ETA TERRORISMOAREN BIKTIMAK

Izaskun Sáez de la Fuente eta Ángela Bermúdez
(bildumaren editoreak)

Itzultzailea: Itziar Navarro Picabea, Itzulpen eta Hizkuntza Laguntzako Zerbitzua – Deustuko Unibertsitateamariatorre

EUSKADIKO GATAZKAREN ETA INDARKERIAREN MEMORIA ETA HISTORIA BILDUMA.

BILDUMA HAU EUSKO JAURLARITZAK ETA DEUSTUKO UNIBERTSITATEAK BIZIKIDETZA, GIZA ESKUBIDE ETA ANIZTASUNAREN PLANA (2021-2024) GARATZEKO SINATUTAKO HITZARMENAREN BABESPEAN EGIN DA.

AZALAREN DISEINUA: MIKEL LAS HERAS

ZURBANO, 76
28010 MADRID
TEL. 91 532 20 77
WWW.CATARATA.ORG

SAMARIAR ONA?
EUSKAL ELIZA ETA TERRORISMOAREN BIKTIMAK

ISBN: 978-84-1067-539-1
DEPÓSITO LEGAL: M-4.823-2026
THEMA: JPWL/QRAM2/JKVV

IMPRIMATZAILEA: ARTES GRÁFICAS COYVE S.L.

AURKIBIDEA

BILDUMARI BURUZ

Euskadi Ta Askatasunak (ETA) behin betiko su-etena iragarri zuenetik hamarkada bat igarota, Euskadiko gazteek —indarkeria pairatu ez duen lehen belaunaldia— adierazi dute espazio seguru gutxi dituztela gaiari buruz galdetzeko, hitz egiteko eta eztabaidatzeko.

Liburu bilduma honek azken hamarkadetan Euskadin bizi izan den gatazkaren eta indarkeriaren historiaren ulermen kritikoa sustatu nahi du belaunaldi berriengan. Batez ere gazteei eta gai horiei buruzko interesa duten herritarrei zuzenduta dago, baina baita irakaslanean edo irakaslanerako prestatzen ari direnei eta hainbat erakunde publiko eta pribatutatik giza eskubideen errespetua sustatu eta bakea eta bizikidetza landu nahi duten pertsonei ere.

Proiektu hau Euskadiko Memoriaren, Historiari buruzko Hezkuntzaren eta Bakearen Eraikuntzaren inguruko Ikaskuntza Komunitatearena da. Ikaskuntza komunitate hori Deustuko Unibertsitateko Etika Aplikatuko Zentroaren ekimenez sortu zen 2018an eta, harrezkero, Euskadiren indarkeriazko iraganari buruzko diziplinarteko eta belaunaldien arteko elkarrizketa eta hausnarketa ahalbidetzeko gune bat da. Lehen lan fasean (2019-2021), profil ideologiko desberdinetako gazteek Euskadin bizi izandako motibazio politikoko indarkeriari buruz zer galdera eta gogoeta dituzten ikertu zuen. Behin eta berriz adierazi zuten hainbat galdera sortzen zaizkiela, baina ez dutela non planteatu galdera horiek, eta gogoetak ere badituztela, baina ezin dituztela beste

pertsona batzuekin kontrastatu. "Jarauntsitako eta autoinposatutako isiltasuna"ren pisua sentitzen dute familian, koadriletan, eskolan eta komunitatean.

Bada uste zabaldu bat isiltasun horri irauten lagundu diona: bakea eta bizikidetza sustatzeko, hobe dela orria pasatzea, iragana ahaztea eta etorkizunera bakarrik begiratzea. Baina etorkizuna ezin da eraiki iraganari bizkarra emanda. Horregatik, oraingo lan fasean, Ikaskuntza Komunitateak hainbat aditu bildu ditu bilduma honen ekoizpenean laguntzeko: gaian adituak diren historialariak, indarkeriaren analisi etikoan adituak diren filosofo eta gizarte zientzialariak eta historiari buruzko hezkuntzan adituak diren pedagogoak.

Bildumako liburu bakoitzak gai historiko edo etiko batean sakontzen du. Hautatu diren gaiak bereziki garrantzitsuak dira gazteek euskal gatazkaren eta indarkeriaren historiari buruz dituzten kontakizunei modu kritikoan heltzeko. Estrategia pedagogiko narratiboa erabiliz, Peneloperen bideari jarraitzea proposatzen da: iragan odoltsu eta mingarri baten memoria sozialaren ehuna tentuz desegitea eta kontzientziaz berriz ehuntzea. Bide horretan, indarkeria justifikatzeko balio duten mito, partzialkeria eta gain-sinplifikazioak ikusaraztea eta kritikoki arakatzea izango da abiapuntua dinamika bikoitza aurrera eramateko: *memoria historizatzea* eta *historia memorializatzea*. Horren bidez, hiru helburu bete nahi dira: pertsonek fenomeno historikoen konplexutasunaren ulermen hobea izatea, iragana biktimen esperientzian hezurmamitzea, eta, horrela, historiak indarkeria desnormalizatzeko eta deslegitimatzeko duen ahalmena aktibatzea.

SARRERA

> [...] —Behin batean, gizon bat zihoan Jerusalemdik behera Jerikorantz eta lapurren eskuetan erori zen; zeuzkanak kendu eta, egurtu ondoren, alde egin zuten, erdi hilik utziz. Apaiz bat gertatu zen, hain zuzen ere, bide hartatik behera, eta, gizona ikustean, bidetik okertu eta aurrera jo zuen. Gauza bera egin zuen handik igaro zen tenpluko lebita batek ere; ikustean, bidetik okertu eta aurrera jo zuen. Baina bidaian zen samariar bat bertara iritsi eta, hura ikustean, errukitu egin zitzaion. Hurbildu eta zauriak lotu zizkion, olioz eta ardoz igurtzi ondoren; gero, bere asto gainean ezarri, ostatura eraman eta bere ardurapean hartu zuen. Biharamunean, zilarrezko bi txanpon atera eta ostalariari eman zizkion, esanez: "Zain ezazu eta, gehiago gastatzen baduzu, hurrena natorrenean ordainduko dizut". Zure ustez, hirurotan zeinek jokatu zuen lagun hurko bezala lapurren esku eroritako gizonarekin?
> Lege-maisuak erantzun zion: —Hartaz errukitu zenak.
> Jesusek esan zion, orduan: —Zoaz eta egin zuk ere beste horrenbeste.
>
> Lukas 10: 25-37

ETAk zortziehun hildako baino gehiago eragin zituen. Beste erakunde terrorista batzuk ere izan ziren (Batallón Vasco Español, Triple A, Askapenerako Talde Antiterroristak, etab.). Guztiak kontuan hartuta, hildakoen kopurua mila pertsona ingurura iristen da. Horiez gainera, zaurituen, bahituen, mehatxatuen edo erbestera joandakoen eta horien guztien senitartekoen eta hurbilekoen zerrenda ere luzea da. Nolanahi ere, erakunde armatuaren ibilbide luzearen, izan zuen babes sozial eta politikoaren, beste talde terroristek baino gehiago irautearen eta, besteekin alderatuta, eragin zituen biktimen kopuru izugarriaren ondorioz, ETA gure herrialdeko terrorismoaren adierazpen nagusia bihurtu zen eta hark kaltetutakoak, terrorismoaren biktimen prototipoa.

Joan den mendeko laurogeita hamarreko hamarkadaren erdialdean, “sufrimenduaren sozializazioa” deritzonaren garaian, terrorismoaren biktimen ikusgarritasuna handitzen hasi zen Espainian, eta biktimek gizarte-protagonismo handia hartu zuten. Testuinguru horretan, banakako biktimek eta biktimen elkarteek, babesten zituztela zioten alderdi politikoekin eta gizarte-erakundeekin batera, oso zalantzan jarri zuten Euskal Autonomia Erkidegoko eta Nafarroako gizarte osoaren eta, bereziki, lurralde horietako Eliza katolikoaren portaera[1]. Kritikaren egilea gorabehera, Elizaren portaera zalantzan jartze horiek antzeko ereduei jarraitzen diete. Lehenik eta behin, biktimekiko enpatia, afektu eta hurbiltasun falta nabarmentzen dute, eta, horrekin batera, eliz erakundearen isiltasuna salatzen dute, baita biktimen eta borreroen arteko ekidistantziari mesede egiten dion anbiguotasun kalkulatua ere. Barkamenari eta adiskidetzeari dagokienez, biktimei egiten zaizkien eskakizun onartezinak kritikatzen dituzte. Eta, horrekin batera, nazionalisten proiektua eta indarkeria desagerrarazteko eta indarkeria horren azpian legokeen ustezko gatazka politikoa konpontzeko bide bakar gisa negoziazioa aldarrikatzearekin berariaz bat egitea.

Hori dela-eta, liburu honetan galdera hauek egin dizkiogu geure buruari: Zein izan da Elizaren jarrera terrorismoaren biktimekiko? Abandonatu egin ditu? Gizartean garrantzia hartu dutenean bakarrik hurbildu da haiengana? Agian eraginkortasunez baina diskrezioz jokatu du haien alde, eta ez da jarrera hori ezagutzen? Galdera horiei erantzuten saiatuko gara, jakinik eliz subjektuaren konplexutasuna handia dela. Hain zuzen ere, konplexutasun horren eraginez, kritikak eta eztabaidak kristau-elkartean bertan ere izan dira. Bestalde, aurrera egin aurretik, gure azterketaren irismena eta mugak zehaztea komeni da:

---

1. Gertakari horretatik abiatuta, ikerketa luze bat egin dugu (Bilbao, 2009a) Euskal Autonomia Erkidegoko eta Nafarroako gotzainek terrorismoaren biktimei buruz izan duten diskurtsoa zehaztasunez eta ikuspegi kritikoz aztertzeko. Ikerketa horren ondotik, beste testu labur batzuk ere argitaratu ditugu (Bilbao, 2009b; 2012). Azterketa hau aipatutako lanen egokitzapen laburtua da. Baina haien edukia zabaltzea ere badakar, aztertutako denbora-tartea luzatu egin dugulako, hamarkada bat baino gehiago.

- Euskal Autonomia Erkidegoko eta Nafarroako Eliza katolikoa[2] dugu aztergai, bere osotasunean, alegia, hura osatzen duten pertsona eta erakunde guztiak hartuta, nahiz eta agerikoa izan gotzainek, Eliza horren ordezkari gorenek, ezinbesteko garrantzia dutela. Eremu geografikotzat Euskal Autonomia Erkidegoa eta Nafarroa hartzearen atzean bi arrazoi daude, gutxienez: ETAren indarkeria autodeterminazioa helburu duen eta, lurraldeari dagokionez, Nafarroa bereizezintzat hartzen duen proiektu politiko baten arabera justifikatzen delako; eta, horren ondorioz, eremu geografiko horretako lau elizbarrutietako gotzainek maiz baterako pastoral-idazkiak egin dituztelako.
- Elizak elkarte osoarentzat edo zuzenean biktimentzat izan duen jarduera guztia aztertzea dugu helburu (mezuak, ospakizunak, jendaurreko ekitaldiak, etab.).
- 1968tik (hilketa terroristak hasi zirenetik) 2025era (lerro hauek idatzi ziren unera) arteko denbora-tartea hartu dugu, alegia, ia hirurogei urteko tartea.

Gaia jorratzeko modua erraza da. Lehenengo, gizarte-eragileek Elizari egin dizkioten kritikak edo zalantzan jartzeak aurkeztu ditugu. Jarraian, gotzainek kritika horiei emandako erantzunak laburbildu ditugu. Ondoren, Elizak biktimekiko eman duen mezuaren eta izan duen jardunaren funtsezko elementuetako batzuk aletu ditugu. Amaitzeko, laburpen bat egin dugu, hausnarketa kritiko batzuk eskaintzeko.

2. Ez ditugu kontuan hartu Baionako elizbarrutia eta Ipar Euskal Herria. Lurralde horretako kristau-talde baten jardueraren bilduma bat irakur daiteke Atxik Berrituz lanean (2025).

ARIKETA 1

Liburu honek Elizak indarkeriaren aurrean izan duen papera aztertzen du. Egin gogoeta gai hauei buruz:

- Zer dakizu Euskal Autonomia Erkidegoko eta Nafarroako elizak terrorismoaren biktimen, biktimagileen eta indarkeriaren beraren aurrean izan duen eta duen jarrerari buruz?
- Zure ustez, jarrera horretan bilakaerarik izan al da? Nolakoa? Zergatik?
- Zure ustez, Elizak edo elizako sektore jakin batzuek ekarpen esanguratsurik egin al diote Euskal Herrian bakea eta bizikidetza berreraikitzeko prozesuari? Zein?

Erantzuten ez badakizu, galdetu zure inguruko jendeari.

1. BIKTIMEK ELIZARI EGINDAKO KRITIKA

BIKTIMEN KRITIKA

Biktimak askotarikoak dira, eta Elizak haiekiko izan duen jarreraren inguruan duten iritzia ere halakoa da. Aniztasun horrek era guztietako jarrerak hartzen ditu barne, deskalifikazio orokorretik hasi eta erakundearen zeregina esker onez aitortzerainokoak, tarteko jarrera guztiak ere badirela. Biktimekin batera, haien kausa defendatu nahi izan duten beste instantzia batzuk ere agertu dira eta Elizaren ustezko zabarkeriaren aurkako akusazioen bozgorailu bihurtu dira.

Euskal Autonomia Erkidegoko eta Nafarroako Elizari buruzko diskurtso kritikoaren zati handi bat gizarte osoari egindako kritikaren parte da. María San Gil Euskadiko Alderdi Popularreko (PP) presidente ohiaren arabera: "Gizarte gisa, ez dugu batere ongi jokatu. Eta ez naiz erakunde politikoez bakarrik ari; izan ere, Euskal Herrian, Eliza bera ere ez da eredugarri izan eta ez du karitaterik erakutsi" (Lozano, 2011). Gaitzespenak, nagusiki, "Eliza" generiko bati zuzentzen bazaizkio ere, ukaezina da erreferente nagusia hierarkia dela —hau da, gotzainak—, edo, gehienez ere, apaizak, baina ez eliz elkarte osoa. Elizari sarri egotzi izan zaio biktima konkretu batzuenganako interesik eta arretarik ez izatea. Arreta falta hori hainbat hileta-elizkizun egiteko ia era ezkutuan ageri da, modu paradigmatikoan. Biktimak ahanzteak legitimitatea kentzen

die Elizaren jarrerari eta barkamenaren aldeko diskurtsoari, eta erakundearekiko atxikimendu eza sortzen du (Cuesta, 2000). Azken batean, abandonatuak izanaren sentsazioa nahiko orokorra da, hedatuen dagoen pertzepzioetako bat dela esan dezakegu: biktimek "ez dute inolako laguntzarik, aholkularitzarik, arretarik eta abarrik jaso ez Elizatik ez eliz erakundeetatik" (Calleja, 1997:193). Sentsazio hori areagotu egiten da biktima eliz elkarteko kide denean (San Sebastián, 2003).

Halaber, Elizari egozten zaio "errugabetasunaren tentazioa" izatea, alegia, ez jabetzea arazo honen aurrean modu desegokian jokatu duela (San Sebastián, 2003:68). Behin eta berriz leporatu izan diote ekidistantziaz aritzea, ezinezko neutraltasunaz jokatzea, gatazka ez-simetrikoa denean. Batzuek jarrera hori beldurraren eta segurtasuna bilatzearen ondorio dela adierazi izan dute. Baina, aldi berean, agerian jarri dute ondorio kaltegarriak dituela biktimengan, eta biktimagileei egiten diela mesede; horregatik, azken batean, biktimagileekiko konplizitatetzat har daitekeela (Calleja, 1997). Ohiko beste kritika bat da Elizak biktimei barkamena eskaintzea eskatzen diela, beren giza izaerari eta fededun izateari lotuta, eta horrek min handia egiten diela (San Sebastián, 2003). Kasu batzuetan esan izan da Elizak ez duela indarkeria gaitzetsi eta, are gehiago, itxura batean ahaztu egin duela "bosgarren agindua: ez duzu inor hilko!", eta, horrela, terrorismoarekin bat egin duela (San Sebastián, 2003: 172). Laburbilduz, biktimek euskal Elizari ematen dioten azken epaia, kasu askotan, zalantzarik gabekoa da: erruduna (Gurruchaga eta San Sebastián, 2000). Are gehiago, akusazioaren maila igo eta aditzera eman izan da gai honetan gotzainak ez datozela bat aita santuak esaten duenarekin, eta harengana jo izan da, babes bila. Zehazki, Terrorismoaren Biktimen Elkarteak (AVT) aita santuaren aurrean behin eta berriro azpimarratu izan du "Euskal Eliza gertuago dagoela terroristengandik biktimengandik baino" (Bastante, 2004: 145).

Biktima gehienek horrelako kritika negatiboak egiten badituzte ere, terrorismoaren beste biktima batzuen esperientzia bestelakoa izan da. Batzuek diote beren inguruko apaizek tratu

ona eman zietela biktima bihurtu zirenean (Cuesta, 2000). Beste batzuek, oso gutxik, Elizaren jarreraren balantze orokor positiboa egiten dute (San Sebastián, 2003).

Setien gotzainaren ospe txarra[3]

Terrorismoaren biktimek euskal Elizari egin dizkioten kritiken zati handi bat Jose Maria Setienek jaso zuen.

Hipercorreko atentatuan emaztea eta bi alabak galdu zituen kaltetu batek hauxe esan zuen Jose Maria Setieni buruz: "Beti uste izan dut artaldearen barruan zegoen putrea zela, terroristek ematen zioten laguntzarengatik zegoela hor; haien alde hitz egiten zuen ahotsa zen; baina gizon horrek, benetan, ez zuen zerikusirik Jainkoaren artaldearekin, niretzat 'aharia' zen, Deabruaren ikurra Elizan..." (San Sebastián, 2003: 160). Iritzi horren gogortasuna motz geratzen da pertsona horrek berak egindako beste aitorpen batekin alderatzen badugu, esan baitzuen gotzaina bere mendekuaren jomuga izan zitekeela pentsatu zuela une labur batez (San Sebastián, 2003).

Hainbat pasadizok, esatariek edo lekukoek behin eta berriz errepikatuta, lagundu dute Setienen irudi negatiboa eraikitzen. Izatez, erabat egiaztagarriak ez diren arren, Setienen inguruko eztabaidaren nondik norakoak erakusten dizkigute:

- Lehenengoa 1984ko otsailaren 23an gertatu zen, Enrique Casas senataria ETAren lehen biktima sozialista bihurtu zenean. Familiak behin eta berriz eskatu arren, Setienek ez zuen baimenik eman hileta-elizkizuna Donostiako Artzain Onaren katedralean egiteko. Ezker abertzaleak ospakizuna probokaziotzat har zezakeela eta istilu gehiago sor zitezkeela argudiatu zuen (Laviana, 2018).
- Bigarrena 1985ean gertatu zen. Polizia Uniformatuaren Sindikatu Profesionalak "Euskal Autonomia Erkidegoan lan egiten duten polizia nazionalak diskriminatzea eta beste herrialde bateko eliztartzat hartzea" leporatu zion Setieni, baita beren arazoak kapilau militarrekin konpondu beharko zituztela esatea ere. Gotzainak ukatu egin

3. Hernanin (Gipuzkoa) jaioa, Donostiako Elizbarrutiko gotzain laguntzaile izan zen 1972an eta, ondoren, Elizbarruti bereko gotzain (1979-2000).

zuen Sindikatu horretako ordezkariekin harremanetan egon zela eta erantzun hori eman ziela (Bastante, 2004: 24-25).

- Hirugarrena 1996ko urtarrilean Donostian José María Aldaya askatzearen alde egindako elkarretaratze batean gertatu zen (Aldayak 341 egun egin zituen ETAren eskuetan). María San Gil Euskadiko PPko buruzagi ohiak gogoratzen duenez, "Aldaya askatzeko kontzentrazio batean zeudela, gotzaina seme-alaben aurretik igaro zen, eta ez zen gelditu ere egin animo eta kontsolamenduko hitzak esateko; irudi hori zinez latza da" (Laviana, 2018). Setienek onartu zuen ez zela gelditu eta ez zuela kontzentrazioan zeudenekin hitz egin, baina agur-keinu bat egin omen zuen. Era berean, adierazi zuen gertatutakoa mespretxu edo sorgortasun gisa interpretatzea ez datorrela bat biktimekiko duen sentimenduarekin.
- Laugarren gertakaria 1996ko otsailekoa da, Setienek eta Gipuzkoako PPko buruzagiek egin zuten bilera batekoa. Bilera horretan, Gregorio Ordóñezi eliz omenaldia egiteko eskatu ondoren sortu ziren desadostasunez hitz egin zuten. PPko buruzagiek gotzainari gogoratu zioten eliztar guztiak maite behar dituela, aitak bezala. Eta Setienek honakoa erantzun omen zien: "Nork esan dizue aita batek bere seme-alaba guztiak berdin maite behar dituenik?" (Bastante, 2004: 15 eta 75).

Setien da, zalantzarik gabe, gotzainik esanguratsuena, bai berak egin zuenagatik eta bai pizten zuen arretagatik. Terrorismoari eta haren biktimei buruz maizen hitz egin zuena izan zen, eta eragin eta lidergo handia izan zuen Euskal Autonomia Erkidegoko eta Nafarroako Eliza osoan. Gotzain izan zen bitartean, hainbatetan gaitzetsi zuen terrorismoa, baina ez zuen lortu biktimekiko hurbiltasuna eta elkartasuna behar bezala helaraztea. Eliz kutsua baino gehiago, kutsu politikoa zuela ere esan daiteke. Bere jarrera pastoralean, formal eta zorrotz agertzen zen, ez errukior. Eta horrek arrisku bat dakar: bihozgabetzat eta sorgortzat hartzea. Dena esan nahi izaten zuen, kasu bakoitzean komeni zena esatea baino gehiago, eta horrek, agian, lotsagabe eta ekidistante itxura ematen zion. Azkenik, kritikak jasotzeko zuen moduak, ziur aski, bere mugei balioei baino gehiago erreparatzea ekarri zuen, ulertua ez izatearen mina, aurreiritziak hausteko ezintasunak eragindako

etsipena eta argudiatzeko nolabaiteko iluntasuna nahasten baitzituen.

Jose Maria Setieni egindako elkarrizketa labur hau ikustea gomendatzen da: https://n9.cl/bdgi3.

KAZETARIEN KRITIKA

Gotzainek eta apaizek indarkeria terroristarekiko izan duten jarrera etengabe azaldu izan da hedabideetan, eta polemika handiak sortu ditu. Horietan, kazetariek berek paper garrantzitsua izan dute. Horrenbestez, kazetariek izugarrizko eragina izan dute Euskal Autonomia Erkidegoko eta Nafarroako Elizaren irudia proiektatzeko eta haren inguruan iritzi publiko esanguratsua sortzeko orduan. Adibide gisa, hedabideetako hiru profesionalek idatzitakora hurbildu gara. Lehenik, Jesús Bastante, erlijio-informazioan aditua den kazetaria eta *Religión Digital* atariaren egungo erredaktore-burua. Bigarrenik, Iñaki Ezkerra, prentsa idatziko artikulugilea, idazlea eta Ermuko Foroaren sortzaileetako bat[4]. Azkenik, Pedro Ontoso, erlijio-informazioan aditua den kazetaria, ia lan-ibilbide osoa *El Correo* egunkarian egin duena.

Jesús Bastantek arreta berezia eskaini dio Euskal Autonomia Erkidegoko eta Nafarroako Elizari. Interes horren emaitza dira *Los curas de ETA. La Iglesia vasca entre la cruz y la ikurriña* (2004) eta *Setién. Un pastor entre lobos* (2006) lanak. Lehenengoak, "Bakea prestatu" (2002) gotzainen baterako pastoral-idazkiak[5]

4. Ermuko Foroa Miguel Ángel Blancoren hilketaren ondoren (1997an) sortu zen plataforma zibikoetako bat da. ETAren indarkeria gaitzesteaz eta haren aurka mobilizatzeaz gain, "nahitaezko nazionalismo" deitu zutenaren aurka ere egiten zuten, nahiz eta indarkeriazko adierazpenik ez izan, terrorearen konplize zela eta indarkeriaren onura jasotzen ari zela uste zutelako.
5. Pastoral-idazkia gotzain batek edo gehiagok ("baterako pastoral-idazkia" izango da orduan) idatzitako dokumentua da, leku jakin bateko apaizei, laikoei eta kristau-elkarteari zuzendua. Une zailetan pastoral-kontsolamenduzko hitzak eskaintzeaz gainera, gai teologikoei ez ezik, gai politiko eta sozialei buruzko jarraibideak ere biltzen ditu eta, kasu jakin batzuetan, jarduteko modu zehatzak ere proposatzen ditu.

sortu zuen polemika du abiapuntu, eta euskal Elizaren ikuspegi orokorra eskaintzen digu, beste eragile batzuen pasadizo eta lekukotzetatik abiatuta. Egileak Elizari nazionalista izatea edo nazionalismoarekin bat etortzea leporatzen dio, azpimarratzen baitu gotzainak kezkatuta azaldu direla biktimen segurtasunagatik Alderdi Politikoen Legearen (2002ko uztaila) eta, horren ondorioz, Batasuna legez kanpo uztearen aurrean, baina ez zutela gauza bera egin Lizarrako Ituna sinatu zenean (1998), Itun horrek "herritarren zatiketa eta konfrontazioa" ekarri bazituen ere (Bastante, 2004: 6). Halaber, Bastantek aipatzen du euskal gotzainek "hilketak beti gaitzetsi" dituzten arren, etikoki defendaezina den jarrera ekidistantea hartu izan dutela, "biktimen eta borreroen arteko oreka" bilatu izan dutelako, "mundu abertzalearen eta kontzientzia kristauaren arteko zubiak salbatzen saiatuz" (2004: 312).

Antzeko iritzia du Iñaki Ezkerrak ere. *ETA pro nobis. El pecado original de la Iglesia vasca* (2000) lanean, kritika gogorra egiten dio "euskal Eliza ofizialari", terrorismoaren biktimen aurrean duen jarreragatik. Haren iritziz:

- Gotzainen hizkera engainagarria da, "tranpaz", "azpijokoz" eta "amarruz" betea (2000: 17), erretorika hutsa, "milikeria melenga" estilokoa; eta "eduki ideologiko erradikal, erreakzionario eta bortitza" ezkutatzen du (2000: 29).
- Dokumentuetan aipatzen ez direnak eta isiltasunak oso argigarriak dira: ez dute kritikatu ETAko militanteak hauteskunde-zerrendetan agertzea ezta biktimei egiten zaizkien bidegabekeriak ere; ez dute eskatu terroristek damua azaldu beharra; ez dago Herri Batasunaren, Lizarrako Itunaren eta Eusko Jaurlaritzaren eta hura osatzen duten alderdien berariazko gaitzespenik biktimak ahaztu eta aitortu ez dituztelako, ezta ETAren gaitzespenik ere; gotzainek ez dute biktimen inguruko idazkirik egin.
- Elizak euskal nazionalismoarekin dituen loturak eskandalagarriak dira. Elizak pasibotasuna erakutsi du nazionalismoaren aurrean, haren konplizea izan da eta harekin

identifikatzera iritsi da. ETAren terrorismoaren aurrean ere anbiguotasun bera erakutsi du.

- Biktimekiko ez du inolako errukirik erakutsi: haien sufrimenduaren aurrean sorgor agertu da, ETA eta erakunde horretako kideak mitifikatu ditu, eta borreroek biktimen tokia hartzea ahalbidetu du.
- Barkamenari eta adiskidetzeari buruz gotzainek landu duten diskurtsoa gaizki bideratuta dago. Jasandako minak eragiten dion bat-bateko gorrotoaz konturatzean biktimak senti dezakeen erruduntasuna ikuspegi politikotik errentagarri bihurtu nahi du. Biktimei barkamena emateko eskatzea, alde batetik, "mina hutsaltzea" da, ikuskizun bihurtuz (2000: 87) eta, bestetik, eska dakiekeenaz harago doan zerbait exijitzea da, "mendekuari uko egitea", hain zuzen ere (2000: 88). Azkenik, batzuetan, negoziazioaren diskurtsoa mozorrotu baino ez du egin, eta, edonola ere, ez da egokia gure testuinguruan.
- ETAren jardunaren gaitzespenak ere anbiguoak dira beti, nahita, "funtsik gabeak", haiekin batera zuzenbide-estatua deslegitimatzeari ere aipamen egiten zaiolako —eta, ondorioz, terrorismoa legitimatzen delako— (2000: 227). Hala, "euskal Eliza ofizialak benetan nahi izan balu, ETA gaur egun ez litzateke existituko edo —are okerrago— gaur ETA existitzen bada, Eliza horrek berak eman izan dion eta oraindik ematen dion babes moralari esker da" (2000: 225).
- Gotzainak ez dira inoiz ETAren jomugan izan, zuzenean edo zeharka, terrorismoarekin bat egiten zutelako: "Zer egiten duzue zuek eskoltarik behar ez izateko? Zer egin duzue zuek ETAren mehatxupean ez egoteko? Edo, zehatzago, zer ez duzue egin eta zer egin beharko zenukete?" (2000: 12).

Berrikiago, Pedro Ontosok gaiari buruzko monografia batzuk argitaratu ditu, izenburu erakargarriekin: *Con la Biblia y la Parabelum* (2019) eta *ETA, yo te absuelvo. El papel clave de la Iglesia en el*

Proceso de Burgos (2020). Edukia askoz ere neurritsuagoa da —nahiz eta kazetaritza-tonu hotsandikoari eta zorroztasun txikikoari eutsi—, eta kritika, aurrekoena baino neurtuagoa, ikuspegi historiko handiagoa baitu. Zehazki, aztertzen ari garen gaiari dagokionez: gotzainek biktimei egindako barkamen-eskaera jasotzen du, haiekiko kontzientzia berandu hartu izanaren aitorpena, baita haietako batzuek (Blázquezek eta Uriartek, zehazki) biktimekiko izan duten hurbiltasun pertsonala ere; Estatuko Segurtasun Indarren, mehatxatuen edo jazarritako politikarien ondoan egon diren apaizen kronika ere egiten du; hainbat unetan, laiko fededunek biktimei arreta eta bidelaguntza emateko gizarte-plataformen bidez aurrera eraman dituzten ekimenei erreferentzia egiten die. Aipatzekoa da egilearen lehentasunezko interesa bizi izan dugun indarkeriazko gatazkan euskal Elizak izan duen bitartekaritza erakustea izan dela, eta ez horrenbeste biktimekiko izan duen harremana azaltzea (Ontoso, 2019).

HISTORIALARIEN KRITIKA

Terrorismoa bost hamarkada baino gehiago izan zen gure artean, eta dagoeneko hamarkada bat baino gehiago igaro da, behingoz, desagertu zenetik. Beraz, nahikoa denbora igaro da epaiketa historikoa egiteko. Gauza bera esan daiteke Elizaren esku-hartzeei buruz ere. Azaletik bada ere, historialarien testu gutxi batzuetara hurbilduko gara, Euskal Autonomia Erkidegoko eta Nafarroako Elizak terrorismoaren biktimekiko izan duen harremanari buruz duten iritzi kritikoa jasotzeko.

Aspaldiko lan batetik hasiko gara, Fernando García de Cortázar eta Juan Pablo Fusiren *Política, nacionalidad e Iglesia en el País Vasco* (1988) lanetik, hain zuzen ere. Lan horretan, euskal Elizari buruz ematen den irudi globalak arazo handiko errealitate bat erakusten digu, barruan zatiketa handikoa, eta gizartearen aurrean sinesgarritasunik ez duena. Liburu horrek paradoxa bat ere badu: Elizari leporatzen zaio, alde batetik, izaera politiko nabarmena izatea, baina, horrekin batera, nolabaiteko xalotasunez aritzea ere

leporatzen zaio, prelatuak[6] ez direlako gai izan haien adierazpenen irakurketa politiko saihestezina aurreikusteko. Gainera, politikoki euskal nazionalismoarekin identifika daitekeen erakundea dela azpimarratzen da, nazionalismo horri jaiotzen eta hedatzen lagundu baitio. Horrek abertzaletasunarekiko hurbiltasun esanguratsuetara darama Eliza, "euskal nazionalkatolizismoaz" hitz egin ahal izateraino (García de Cortázar eta Fusi, 1988: 110). ETArekiko harremanari dagokionez, hasieran tolerantzia anbiguoa izatea egozten zaio, baina gerora jarrera hori bilakatzen joan zen, aurrez aurre jartzeraino. Jarrera hori argi eta irmo adierazten dute gotzainek bederen, eta haiei ezin zaie leporatu terrorismoaren aurrean "begiak ixtea", bidegabekeriarik egin nahi ez badugu.

Alderdi negatiboen artean, bi egileek honako hauek azpimarratzen dituzte: alde batetik, ETAk Euskal Herriko bizitzan izan duen protagonismoa dela-eta, terrorismoak nabarmen baldintzatu ditu Elizaren jarduera pastorala eta barruko eta kanpoko eztabaidak; eta, beste alde batetik, Eliz arduradunen adierazpenetan etengabeak izan dira Estatuaren eta ordena publikoko indarren jardunari egindako kritikak, "indarkeriak eta gaiztakeriak, intransigentzia eta deslegitimitatea parekatu nahi izango balira bezala" (1988: 112). Bitxia bada ere, egile horien ustez, Elizak egin dituen akatsen artean ez dago terrorismoaren biktimak bazter uztea, ezta borreroekin berdintzea ere, nahiz eta bi jokabide horiek etengabe agertzen zaizkigun jarrera kritikoetan. Horren azalpen posible bat dagoeneko aipatua dugu: euskal eta espainiar gizarteak eta, bide batez, historiografiak, ez ditu terrorismoaren biktimak kontuan hartu, ez dira "existitu", ia hiru hamarkadatan.

Euskal Autonomia Erkidegoko eta Nafarroako elizbarrutien jardunarekin kritiko diren geroagoko lanei erreparatzen badiegu, politizatuta egotea leporatzen zaie, nazionalismoarekin bat egitea edo terrorismoaren aurrean anbiguoak izatea, baina eliz arduradunei ez zaie leporatzen terrorismoak kaltetutakoak bazterrean uztea, kaltetu horiei tratu iraingarria ematea edo sufrimenduaren eragileekin bidegabeki parekatzea (Andrés-Gallego

6. Gotzain hitzaren sinonimoa.

eta Pazos, 1999). Beste horrenbeste esan daiteke XXI. mendearen hasieran argitaratutako monografiei buruz ere: Euskal Herriko Elizei buruzko iruzkin kritikoek —aurrekoak baino askoz moderatuagoak— ez dute inola ere terrorismoaren biktimen gaia aipatzen (Callahan, 2002; Cárcel, 2003). Testu berriago batek (De la Granja, 2024), polemiketan sartu gabe, Euskal Autonomia Erkidegoko eta Nafarroako Elizak ETArekin izan dituen loturei buruzko kritika neurtuagoa egiten du. Horretarako, biktimekiko izan duen jarrerari buruzko aipamen laburrak eskaintzen ditu, eta nabarmentzen du jarrera hori denborarekin hobetu egin dela eta, nolanahi ere, etapa historiko bakoitzaren inguruabarrek baldintzatu dutela beti.

ELIZAKO KIDEEN KRITIKA

Pentsa liteke, alde batetik, Euskal Autonomia Erkidegoko eta Nafarroako Elizak terrorismoaren biktimen errealitatearen aurrean izan duen jarrerari egindako ekarpen kritikoak Elizaren kanpotik baino ez datozela. Bestalde, Euskal Autonomia Erkidegoko eta Nafarroako Eliza erakunde monolitikoa eta barne-desadostasunik gabekoa dela oker ondorioztatzeko arriskua ere badago. Bi pertzepzio horiek baliogabetzeko, beharrezkoa da Elizaren barruan jarrera ofizialarekin bereziki beligeranteak izan diren ahotsak entzutea. Horregatik, bi iritzi esanguratsu ekarri ditugu hona, esparru akademikoko espainiar erlijioso batena eta bere baitan euskal fededunen kopuru esanguratsu bat bildu zuen gizarte-plataforma batena.

NICETO BLÁZQUEZ

Erlijioso dominikoa eta unibertsitateko irakaslea, *El nacional clericalismo vasco* (2004) liburuaren egilea da. Lan horretan, Euskal Herriko kleroaren joera nazionalistari kritika zorrotza egiten dio, eta arreta berezia eskaintzen dio "Bakea prestatu" (2002) baterako pastoral-idazkiari. Blázquezen ustez, idazki horretan, gotzainek "hautu nazionalista ulertezina" egiten dute (2004: 36), Euzko

Alderdi Jeltzalearen (EAJ) tesiekin lerrokatzen baitira, benetako "pastoral-bekatua" (2004: 253). Setien gotzaina izango litzateke jarrera politiko eta ez teologiko edo pastoral horren adierazle argiena, espero zitekeen bezala (2004: 252, 30. oharra). Gainera, balio moralak transmutatzen dituztela salatzen du, ulertezina baita bakea pertsonen bizitza fisikoaren aurretik jartzea. Bestalde, terroristekiko kezka handia adierazten dutela dio; biktimekiko, ordea, epel jokatzen dute. Azkenik, egileak uste du gotzainen jarrerak desegokiak direla, bi arrazoirengatik:

- Arazoa ideologizatzen delako, bere alderdirik gizatiarrena ahaztuz. "Terroristek ez dute 'demokrazia' izeneko emakumerik edo andereñorik hiltzen, izen-abizenak dituzten pertsona zehatzak hiltzen dituzte" (2004: 41).
- Elkarrizketa konponbidetzat aldarrikatzea "irenismoa" delako[7], kontuan izanik batzuek hitza besterik ez dutela eta besteek, berriz, armen bidez hitz egiten dutela.

EL SALVADOR FOROA

1999an sortu zen Eliza katolikoko apaiz, erlijioso eta laikoek osatutako herritarren plataforma gisa, eta El Salvadorreko gerraren ostean, Jesusen Lagundiak adiskidetzera iristeko proposatu zuen ereduaren hiru oinarriak hartzen ditu Euskal Herriarentzat erreferentzia: egia, justizia eta barkamena. Jaime Larrínaga, José Luis Orella edo Antonio Beristain dira Foroaren bozeramailerik nabarmenenak. Plataforma garrantzitsua da, jarrera ofizialak kritikatu zituelako eta terrorismoaren biktimak modu esplizituan babestu nahi izan zituelako. "Manifiesto por la verdad, la justicia y el perdón en Euskadi/Euskadiko egiaren, justiziaren eta barkamenaren aldeko manifestua" izeneko sorrerako agirian, hauteskundeak hurbil zirela argitaratuan, iritzi publikoari boto-eskubidea gauzatzeko irizpide argigarriak eskaini nahi izan zizkion, eta argi

7. Teologiaren ikuspegitik, "irenismoa" jarrera baketsu eta adiskidetzailea da, fedearen egiekiko funtsezko gaietan ezberdintasunak alde batera uztean oinarritzen dena.

eta garbi azaldu zituen euskal Elizari eta gotzainei egiten zizkien kritikak. Zehazki, honakoa salatzen zuen:

- Elizaren barruan nazionalismoak duen "hegemonia larria".
- Maitasunaren eta barkamenaren doktrina kristauaren "erabilera gaiztoa", azken buruan ETAren mundua babesteko balio baitu.
- Biktimak eta borreroak parekatzea, kristau-espirituaren aurka baitoa, eta kaltetuengan mina sortzen baitu eta indarkeriaz baliatzen direnen erantzukizuna estaltzen baitu.
- Elizak terrorismoaren biktimei eta nazionalistak ez diren fededunei jaramonik ez egitea, haiekiko elkartasunez jokatu beharko litzatekeenean.
- Balio kristauak eta herritarren eskubideak elkarren hurbilekoak direla berariaz erakusten duen diskurtsorik ez egotea.

Urtebete geroago, Jaime Larrínagak, Setienek bakearen ustezko prezioari buruz egindako adierazpen polemiko batzuei erantzunez, "Por una paz sin precio" artikulua argitaratu zuen (2000ko urtarrilaren 29a). Bertan, kritikatzeko moduko beste hiru elementu aipatu zituen:

- Euskal gotzainek ez diote bakeari preziorik jarri behar, baizik eta bakea "bihotzetara dohainik eraman" behar dute.
- Bakeari prezioa jartzean, gotzainek indarkeriaz baliatzen direnen xantaia legitimatzen dute eta biktimak moralki torturatzen dituzte, haien mina arindu beharrean.
- "Eliza ofiziala", terrorismoaren inguruan duen jarrera dela-eta, polemika-iturri etengabea da hedabideetan.

"Bakea prestatu" pastoral-idazkia argitara eman zenean ere (2002) azaldu zuen Foroak gotzainen planteamenduarekin zuen

desadostasuna. Idazki horri emandako erantzunean (2002ko irailaren 12a), aurreko argudioen ildotik jarraituz —nazionalismoa eta Ibarretxeren erronka subiranistaren legitimazioa—[8], nabarmentzen da pastoral-idazkiak "biktimen zauria" eta Kristorena berriro ireki zituela eta terrorismoari buruzko mezu okerrak igorri zituela: alde batetik, presoak hurbiltzea funtsik gabe defendatuz, maitasunaren legea eta damuaren beharra predikatu beharrean, eta, bestetik, Alderdien Legea zalantzan jarriz, kontuan izanik Elizaren zeregina ez dela "Kain giza justiziatik salbuestea, baizik eta gogoraraztea bere krimenak Jainkoak epaituko dituela".

Azkenik, El Salvador Foroaren planteamenduetan beti azpimarratzen da ez dutela, berez, "Euskal Eliza" kritikatzen, haiek ere bertako kide sentitzen baitira, baizik eta Eliza horren hegemoniaz jabetu den nazionalismoa eta gotzainen jarrera (Orella, 1999; Larínaga, 2002). Azken batean, Eliza beren ustez desegoki monopolizatzen duten jarreretatik defendatu nahi dute.

"Euskadiko egiaren, justiziaren eta barkamenaren aldeko manifestua" (1999)	**Euskal Herriko Gotzainen baterako pastoral-idazkia: "Bakea prestatu" (2002)**
[...] Kezkagarria eta eskandalagarria da Euskal Herrian abertzaleak ez diren herritarrek jasan izan duten eta oraindik ere jasaten duten beldurra; hauteskundeetan beren aukera politikoa askatasunean eta baldintza berdinetan aurkeztea eragozten dieten erasoak eta mehatxuak. Eta horientzat kristau-elkartearen	[...] Arrazoi askogatik berriro diogu ETAk nahiz bere inguruko indarkeriak desagertu egin beharko luketela [...]. Larri urratzen ditu bizi-eskubidea, gizakiaren osotasunerako eskubidea eta norberaren segurtasunerako eskubidea. Arerio politikoa garbitzean demokrazia-sistemaren oinarriak janda uzten ditu. Erabat hausten

8. 2000. urtean, garai hartan lehendakari zen Juan José Ibarretxek burujabetzaren aldeko plan bat aurkeztu zuen. Plan hori indarkeriarik gabeko egoeran eta euskal gizartearen aniztasuna onartuta garatu behar bazen ere, praktikan alde batera uzten zuen gizartearen zati ez-nazionalista, eta horrek areagotu egin zuen Lizarrako Itunak (1998) sortutako haustura.

eta eliz ordezkarien elkartasun osoa eskatzen dugu.

Ez da onargarria, ez etikaren ikuspegitik, ez kristau-fedearen ikuspegitik, hauteskunde-zerrenda batean ustezko hiltzaile izateaz harro dauden eta ezaugarri hori nortasun ideologikoaren ikurtzat baliarazten duten hautagaiak sartzea. Horrelako zentzugabekeriak aukera politiko hori, moralaren ikuspegitik, baliogabetu egiten du, larriki iraintzen ditu biktimak, eta haiek jasandako indarkeria bera iraunarazten du.

ETAk desegin eta armak entregatu behar ditu, inolako ordain politikorik eskatu gabe, ordain horiek ez baitatoz bat ez demokraziarekin ezta Elizaren benetako espirituarekin: Elizak hiltzea debekatzen du, eta maitasunaren legea eransten die gizakien legeei. [...]

Etika politikoaren ikuspegitik, ez da onargarria oinarri etnokulturalen gainean eraikitzen den eta, halabeharrez, herritar guztien eskubideak eta askatasunak errespetatzearekin bateraezinak diren bazterketa-prozesuak sortzen dituen nazio-eraikuntzako proiektu bat. Harrotasun etnikoa eta pribilegioaren ideologia ez daude Kristoren espirituan, du herritarren gehiengo zabalak tinko agintzen duena. Deseginda uzten ditu familia ugari. Hezurretaraino ikaratzen ditu, eten gabe asaldatzen bere biktima izan daitezkeenak. Lur jota eta etsita uzten du gure herria. Bere ekintzaileak berak irteerarik gabeko ataka estuan jartzen ditu. Gure gizartearen irudia lohitzen du. Azken finean, eragozpen handia gertatzen da gure gizarteko desadostasun politikoak behar bezala azaltzeko eta lasaitasunez eztabaidatzeko.

Beraz, ETAren terrorismoari buruzko balorazio moralak ezinbestean oso ezkorra behar du izan. Balorazio honek behar den neurrian eragiten die ekintza terroristak burutzen laguntzen, ezkutatzen edo defenditzen duten pertsonei nahiz taldeei. [...]

[...] Boto-emaileek egindako aukera politikoa onartu eta horren bultzatzaile izateagatik zinegotzi baten aurka atentatua egitea demokraziari berari eraso latza egitea da. [...] Arriskuan dauden zinegotziak mehatxupean dagoen biztanle askoren zati bat dira. Milaka batzuk dira gure artean ditugun herritarrak beren biziagatik, segurtasunagatik, askatasunagatik zalantza batean bizi direnak. Guztiok gure buruari

anai-arreba deitu baikintuen, ezta Aitaren espirituan ere, denak berdinak egin baikintuen. Bakea ezin da xantaia politikoaren eskutik iritsi, ezta indarkeria armatua berretsi eta ordezkatuko duen indarkeria ideologiko baten burugogorkeriaren eskutik ere; ezta ahanzturaren, bidegabekeriaren edo gezurraren eskutik ere. [...]

Egiarekin leial izateak ETAren eta GALen krimenak aitortzera behartzen gaitu. Era berean, Zuzenbide Estatua indarrean dagoela aitortzen dugu, bai krimen horiek epaitzeko, bai graziazko neurriak eskuzabaltasunez emateko. Hain zuzen ere, horrelako neurriak etenik gabe eman dituzte demokraziako gobernu guztiek, 1977ko amnistia orokorretik oraindik ere indarrean dagoen gizarteratze-bideraino. [...]

Justiziarekin kontsekuente izateak botere judiziala Zuzenbide Estatuaren oinarrizko zutabe gisa hartzera behartzen gaitu, baita auzitegien jarduna eskatzera eta ontzat hartzera ere. Eta terrorismoaren biktimak ohoratzera, haien oroimenez monumentuak eraikitzera eta omenaldi publikoak egitera ere behartzen gaitu, gizarteak eta Estatuak galdetu behar diogu ea nahiko sentibera bagaren horiek eta beren familiek jasaten duten dramarekiko. Sentiberatasun honetatik jaioko da gugan horiek defenditu, lagundu eta babesteko beharra. Zuzentasunezko eta elkartasunezko ekintza da. Eginkizun horrek ederki asko neurtuko digu kristauoi gure fedea zenbaterainokoa den. [...]

Gizarteak terrorismoaren erasotik defenditzeko eskubidea eta eginbeharra dauzka. Defentsa horretan erabili behar dituen bitarteko guztiek moralki zilegiak izan behar dute eta politikoki zuzenak. Ez ditu inola ere gizakiaren eskubide urraezinak azpian hartuko. [...] Kezkagarria da itzala duten pertsonei eta erakundeei (Amnesty International, Euskal Herriko Bakearen aldeko Koordinakundea) entzutea nola ziurtatzen duten ez direla beti behar bezala errespetatzen inoiz gainditu beharko ez liratekeen muga hauek. [...]

[...] Abertzale izatea edo ez izatea ez da ez derrigorrezkoa moralaren ikuspegitik ez gaitzesgarria moralari dagokionez [...] Gure herrian diren sentsibilitateetako bakoitzak begirunez jokatu behar du gainerakoen nortasunarekiko. [...] Makina bat abertzale bada

biktimei ekonomikoki ez ezik, moralki ere ordaindu behar baitie. Era berean, ez dugu onartzen biktimak eta borreroak parekatzea, ez erakunde laikoek ezta Elizak ere. Ekidistantzia hori demokraziaren eta zibilizazioaren aurka ez ezik, kristau-espiritua-ren beraren aurka ere badoa. Biktimak iraindu egiten dira eta min egiten zaie, eta borreroen erantzukizun morala ezkutatzen da.

Barkamena eskatu egin behar da, ez negoziatu, ez Jainkoarekin ez gizon-emakumeekin. Eskuzabaltasuna behar du, ez salerosketa politikoa. Ezin da ematera behartu eta ez da doakoa, ezta Ebanjelioan ere. Borreroen eskuetan dago eskatzea, egindako kalteaz damutzea, eta portaera hori zuzentzeko borondatea azaltzea. Damua eta penitentzia berezko ditu kristau-barkamenak. Barkamena ETAk eta haren konplize politikoek eskatu behar diete biktimei. Elizak ere eskatu behar du barkamena, biktimak hain ahaztuta edukitzeagatik. Eta guk ere eskatzen dugu barkamena, inoiz isilik egon bagara edo gure hitza behar bezain ozen esan ez badugu.

Kristau eta pertsona libre garen aldetik, asaldatuta gaude euskal Elizan nazionalismoak duen nagusitasun larriarengatik eta arrazoiz saminduta sentitzen dena, jendaurrean hitzez eta egitez terrorismoa gaitzetsi arren politikoen edo iritzi-emaileen ahotan abertzaletasuna eta terrorismoa sarritan nahasten direlako.

[Alderdien Legeari dagokionez] [...] artzain gisa, zinez kezkatzen gaituzte zenbait ondorio ilunek, gure iritziz [...] saihestu beharko liratekeenak, Batasunaren eta ETAren artean leudekeen harremanak direnak direla. [...] Ziurrenik zatiketa eta elkarren kontrako borroka gordindu egingo lirateke. Ez dugu ikusten gizartean horrelako giroa pizteak nolatan egingo liekeen mesede segurtasun premian dauden ahulenei: mehatxatutakoei. Aitzitik, beldur gara segurtasun hori ez ote den, tamalez, eskasago bihurtuko. [...]

Bakearen aldeko aukera egiteak berekin du distentsio- eta gerturatze-keinuak eskaintzea. Presoei beren zigorra sorterritik hurbilago betetzen utziko liekeen espetxe-politikak, adibidez, gizatasuna erakutsiko luke, batez ere gurasoekiko eta senideekiko.

Bakearen aldeko aukera egiteak bakerako heziketa dakar, batez ere belaunaldi gazteentzat; hauengan pentsamendu kritikoa

karitatearen eta barkamenaren doktrinaren gaur egungo erabilera gaiztoagatik, ETAren nazionalismoa eta haren konplize politikoak babesteko erabiltzen baita. Sentitzen dugu ideologia nazionalistakoak ez diren fededunei eta terrorismoaren biktimei gaur gure Elizak ia jaramonik ez egitea. Eta premiaz eskatzen diogu Eliza horri berari, gu geu ere bertako parte izanik, kristau-balioak eta herritarren eskubideak bateratuko dituen diskurtsoa, behingoz.

Iturria: El Salvador Foroa (1999).

ernarazten du, kontzientzia etikoa pizten, giza biziaren aldeko jarrera errotzen, bestearekiko begirunea eragiten, herri plural berbereko kide direla sentiarazten, gizartea adiskidetzearen aldeko konpromisoa hartzera eramaten ditu gazteak bakerako hezteak.

Iturria: *Bilboko Elizbarrutiaren Aldizkari Nagusia* (2002: 759-770).

ARIKETA 2

Egin bi testuen azterketa konparatiboa:

- Zein dira ezaugarri komunak?
- Zein dira desadostasun nagusiak? (adibidez, zer harreman ezartzen dituzte kristautasunaren, nazionalismoaren eta demokraziaren artean?)
- Zer balorazio etiko egiten diozu dokumentu bakoitzari? Zergatik?

2. GOTZAINEN ERANTZUNA

KRITIKEN AURREKO DEFENTSA

Elizak ez du entzungor agertu nahi gizarte-garrantzia duten kritiken aurrean. Baina denontzat balio duten joko-arauak errespetatuta tratatua izatea eskatzen du, eta, beraz, haren jarduera zalantzan jartzeko orduan, egian, justizian eta askatasunean oinarritzea nahi du, jakin bai baitaki beti ez dela horrela izan. Horri dagokionez, eredugarria da "Euskal Herriko Eliza, Bakearen alde borroka egiten jarraitzeko prest" (1979) oharra. Garai hartako Eusko Kontseilu Nagusiko Herrizaingo Sailak Elizari terrorismoarekiko erantzukizuna bere egiteko eta isiltasun-jarrera alde batera uzteko eskatu ostean, Bilboko eta Donostiako gotzainek Elizaren jarrera argitu nahi izan zuten, salaketa horiek oinarririk gabeko topiko bihur ez zitezen: a) Euskal Herriko Elizak indarkeria salatu izan du eta haren kontra agertu izan da beti, agiri bidez froga daitekeen bezala, baita erregimen frankistaren aurkako oposizio politikoak gauza bera egiten ez zuen garaietan ere; b) mezu goiztiar, argi eta jarraitu hori batez ere kristau-elkarteari zuzentzen zaio, eta bere bide eta adierazpide propioak ditu; c) jarduera horrekin lortu nahi diren helburuen artean daude, indarkeria salatzeaz gainera, banakako eta taldeko heziketa eta konbertsioa, bereziki barkamenari eta adiskidetzeari dagokionez. Hala ere, leporatzen zaizkien kritiken

larritasunaren aurrean, gotzainak aldiro-aldiro ia horiei guztiei erantzutera behartuta sentitzen dira.

KRITIKA BIDEGABEAK

Kritikak bidegabetzat hartzen dira, batzuetan, Elizari bete ezin dituen eskariak egiten zaizkiolako, zerbait esateari edo isilik gelditzeari dagokionez. Kritika horiek, batez ere Setieni egiten zaizkionak, "neurrigabetzat eta mingarritzat" jotzen ditu Elizak, pertsona jakin batekiko eta pertsona horrek gotzain izateko duen gaitasunarekiko intentzio-judizioak eta deskalifikazio erradikalak direla uste duelako. Horregatik, beste gotzain batzuek kritika horiei aurre egin nahi izan diete. Batzuetan, kritiken bidegabekeria agerian uzteko, akusazioetan dauden kontraesanak aipatu dituzte —batetik, Eliza bando baten alde azaltzen dela salatzea eta, bestetik, ekidistantzia kalkulatua gordetzen duela; edo biktimekiko sentiberatasunik eta herriarekiko konpromisorik ez duela—. Beste batzuetan, akusazio horien atzean dagoen printzipioa, hots, "nirekin edo nire aurka", okerra dela ikusarazi dute.

Gotzainek gogor kritikatzen dute profesionalek eta hedabideek nola erabiltzen dituzten beren adierazpenak, eta esandakoa desitxuratzea, ezjakintasuna, ikuspegi okerra, isiltzea eta, are gehiago, gezurra esatea leporatzen diete. Batzuetan, erreferentea alderdi politikoak dira. Hala, behin, gotzainek —baita Espainiako Gotzainen Biltzarrak ere— ezezkoa eman ziotenean 2000an PPk eta PSOEk proposatutako Askatasunen aldeko eta Terrorismoaren aurkako Akordioa —Terrorismoaren aurkako Ituna izenez ezaguna— babestu eta sinatzeari, kritikatu egin zuten erabaki hori terrorismoaren biktimei arreta ez ematearekin identifikatzea, guztiz oker.

Hainbatetan ohartarazi dute kritika bidegabe horiek eragiten dituzten ondorio negatiboez. Izan ere, haien ustez:

- Elizako ordezkarien irudi desitxuratua ematen dute, eta jendeak irudi hori fede onez hartzen duenez, eskandaluzkoa dela ere pentsatzen du.

- Gotzainei terrorismoaren aurrean duten epelkeria eta koldarkeria bidegabeki aurpegiratzen zaienean, nolabait Eliza osoa iraintzen da.
- Elizaren adiskidetze-aukerak murrizten dituzte, gezurrak eta kalumniak pisu handia baitute.

NAZIONALISMOAREN ALDE EGOTEA

Gotzainen lehen erantzun orokorra da, kasurik gehienetan, kleroari politizazioa leporatzea benetan desegokia dela ikusaraztea, kleroa guztion ongiaren, justiziaren eta gizakion oinarrizko eskubideen defentsarekiko konpromisoak mugiarazten duelako, eta ez militantzia politiko jakin batek.

Beste batzuetan, gotzainen batek ñabardurak egin izan dizkio "nazionalismo" kategoriari berari, jarrerak argitzeko eta, ondorioz, kritiketatik defendatzeko:

> Nazionalismotzat hartzen bada norberaren herriarekiko maitasuna eta, ondorioz, harentzat onena nahi izatea, beste herriekin solidario izateari utzi gabe, orduan euskal Eliza nazionalista da [...] Dena den, nazionalismoak esan nahi badu alderdi jakin baten aukera politiko bat babestea, esan diezazuket euskal Eliza ez dela nazionalista (Larrauri monsinoreari egindako elkarrizketa *El Correo Español-Pueblo Vasco* egunkarian, 1981/03/30).

Setienek, kontzeptuaren lehen bertsioan sakonduz, aipatzen du norberarena denarekiko maitasuna bestearekiko elkartasunarekin bateratzeko zailtasuna, sarritan, terminoaren bigarren adieraren adierazpen gisa interpretatzen dela:

> Gure herriarekiko eta gure Elizekiko maitasuna gatazkan sartzen da batzuetan, edo horrela ikusten da behintzat, Elizak, eta baita guk ere, Espainiako beste Eliza batzuetako kristauekiko izan behar dugun maitasunarekin ("Euskal Eliza eta ETAren terrorismoa" hitzaldia, 1994/05/06).

Gotzain berak adierazten eta defendatzen du bere planteamendua ez dela hautu nazionalista batean oinarritzen, baizik eta "Euskal Herriaren eskubideen errespetuan", gerora nazionalistatzat har badaiteke ere, baina baita foralistatzat edo autonomistatzat ere ("Etika, politika eta eliza Euskadin", telebistako eztabaida, 1989/01/10).

Nolanahi ere, gotzain batzuek saminik handiena adierazi izan dute abertzaletasunarekin, oro har, edo EAJrekin, bereziki, lerrokatu izan dituztelako. Haien ustez, horrek gotzain-ministerioa gauzatzea oztopatzen du, "guztien gotzain" izatea funtsezkoa baita.

JARRERA DESEGOKIA TERRORISMOAREN AURREAN

Gotzainen ustez, terrorismoaren aurrean isilik egotea leporatzea bereziki okerra da. Agerikoa da agertu zenetik terrorismoaren aurkako jarrera hartu dutela, bai bakarka, bai elkarrekin. Gainera, mezu hori denboran zehar egonkor mantendu da; are gehiago, gero eta ozenagoa izan da, bai ikuspegi kuantitatibotik eta bai kualitatibotik. Horregatik, harrigarria iruditzen zaie aldian behin gogorarazi behar izatea zein izan den beren jarrera, eta, are gehiago, bere garaian ETAren lehen jarduera terroristekin kolaboratu zutenen edo jarduera horiekiko barkabera izan zirenen aurrean egin behar izatea.

Are larriagoa da terrorismoarekin ados daudela salatzea, edo ETAk jatorria elizan izan zuela nabarmentzea. Uriarteren arabera (garai hartako Bilboko gotzain laguntzailea), baieztapen hori ez da onartu behar, gehiegizkoa eta zehaztugabea delako; izan ere, elizgizon gutxik egin zuten ETAren alde hasieran, eta kopurua pixkanaka murriztu egin da. Elizgizon horietako batzuk, erakunde armatuaren helburuak begikoak zituztelako, ez ziren ausartu jendaurrean haren kontra azaltzera, nahiz eta hilketak gaitzesten zituzten; beste batzuek gogor kritikatu zituzten bai diktadura eta bai ETA; eta, azkenik, beste talde batek, eta ez ziren gutxi, Francoren erregimenarekin bat egin zuten eta, ondorioz, terrorismoaren kritika bortitza egin zuten. Nolanahi ere, Uriartek argi eta garbi dio euskal gotzainek ez dutela inoiz ETA babestu (irrati bidezko adierazpenak, 1981/10/03).

ETAren aurkako borrokan torturak edo polizia-ekintzen gehiegikeriak gaitzestea ere terrorismoarekin bat egitea zela interpretatu izan da. Gotzainen iritziz, ordea, gaitzespen horien helburu bakarra izan da indarkeria erabiltzen duenaren arabera neurtzea immorala dela nabarmentzea, eta, horrela, helburuak inoiz ez dituela bitartekoak justifikatzen (planteamendu utilitarista) eta, azken batean, benetako bakea ezin dela lortu bidegabekeria erabilita agerian jartzea.

Gainera, gotzainei ETAren hizkera bera erabiltzea leporatzen zaie, adierazpenetan eta testuetan, besteak beste, "bakea", "elkarrizketa" edo "adiskidetzea" kontzeptuak erabiltzen dituztelako. Gotzainen erantzuna beren planteamenduen izaera erlijioso eta moralaren espezifikotasunean oinarritzen da, eta, horrenbestez, planteamendu horiei eman ohi zaien esanahi politikoa nabarmen gainditzen du. Azken batean, Elizak bere hizkera erabiltzeko eskubidea du, nahiz eta, azaletik edo neurri batean, beste batzuenarekin bat etorri. Horrek ez dakar, ordea, beste horiekin identifikatzea.

Parte-hartze zuzena alde batera utzita, terrorismoa gorestea da Elizari zuzendutako akusaziorik larriena, delitua ere bai baita. Gorespen hori gerta liteke indarkeria justifikatzeagatik, eta, gotzainek, arrazoi osoz, halakorik ez dela gertatu diote, edo, bestela, talde armatuko kideak eta haien ekintzak omentzeagatik eta aitortzeagatik. Planteamendu orokor horrek, hala ere, ezin du ezkutatu gotzainen baten —zehazki, Setienen— baieztapen zehatz eta oso berezi bat, ekintza terroristak inolako zalantzarik gabe gaitzestearekin batera, horrelako ekintzak egoera jakin batzuetan egiten dituzten pertsonen bertuteak azpimarratu baitzituen:

> Ekintza terroristak gaitzesgarria izaten jarraitzen du. Ezin da goretsi pertsona bat hiltzeko lehergailu bat jarriko duen inor; horrela eginez gero, ekintza kondenagarri hori goresten arituko ginateke. Hori egia da, zalantzarik gabe. Baina ezin da ahaztu bere bizitza ideal baten alde emateko gai dena, ideal hori okerra izan arren, eskuzabaltasun handiz ari dela (1985/09/30eko elkarrizketa).

Horrelako baieztapenak oso zoritxarrekoak eta bidegabeak dira terrorismoaren biktimen ikuspegitik. Izan ere, beste pertsona bati bizitza kendu nahi izatearen gaitzespen moraletik ideal baten alde bizitza emateko prest egoteko eskuzabaltasunaren bertutea aitortzera igarotzen da, nahiz eta horrek beste batzuei bizitza kentzea ekarri. Gainera, kasu honetan, jarrera horren fanatismoa —arbuiagarria hori ere— nabarmendu zitekeen, eta ez ustezko meritua.

EKIDISTANTZIA

Gotzainen diskurtsoaren ezaugarri nagusia biolentziaren kritika moral garbia izan da, biolentziaren jatorria edozein izanik ere. Hain zuzen ere, puntu horren ingurukoa da kritika. Izan ere, batzuen usteez, gotzainek terrorismoaren kontra duten jarrerak (terrorismoa, "datorren lekutik datorrela", kritikatzea) ETAren jarduerak eta jarduera hori neutralizatzeko borrokan Estatuak indarra erabiltzea (ez beti zilegitasunez eta zuzenbidearena arabera) parekatzen ditu. Gotzainak ez daude ados akusazio horrekin, okerra, faltsua eta bidegabea dela uste dute, arrazoi hauengatik:

- Sufritzen ari diren guztiekiko interesa erakusteak ez du esan nahi sufrimendu-forma guztiak parekatzea edo horien atzean dauden arrazoiei balio berdina ematea. Hileta-elizkizunak arautzen dituzten pastoral-neurriak ere ez dira horrela ulertu behar. Gotzainen ustez, bi kasuetan interpretazio-akatsa erabaki pastoralak baino ez direnak politikaren betaurrekoekin irakurtzetik dator. Trantsizio garaian, Euskal Autonomia Erkidegoko eta Nafarroako gotzainek pastoral-arautzat hartu zuten eukaristia-ospakizunak irizpide "murriztaile" bati jarraiki egin behar direla, alegia, soilik hildakoaren zuzeneko senideek eskatzen badute, "ekitaldiaren izaera erlijiosoa" zorrotz bermatuz, eta izaera politikoko "bandera edo bestelako edozein ikur erabiltzea" saihestuz (1976). Hamarkada bat geroago, Setienek kristau-elkartearen ospakizunean

terrorista bat edo haren biktima berdin hartzeko pastoral-agindua azpimarratu zuen, biak bataiatutako pertsonak izateagatik, beti ere ekitaldia erlijiosoa bakarrik izango dela ziurtatuz, konnotazio politikorik gabea. Txomin Iturberen kasua berariaz aipatzean, honako hau errepikatu zuen:

> Argitu nahi dut "Txomin" ez zela heroi gisa hartu hiletan. Ezagutzen dut homiliaren hitzez hitzeko testua, eta elizkizunaren buru zen apaizak berariaz esan zuen ez zuela "Txomin" heroi gisa hartzen, bataiatutako pertsona gisa baizik, eta umetan Elizara eraman eta bertan bataiatzeko hartu zuten bezala, orain, heriotzaren unean ere, halaxe hartzen zuela. Hiletan ez zen inolako mitifikaziorik izan. Bereizi egin behar dira hileta eta Txominek bai Arrasaten eta bai Euskal Herri osoan jaso zuen harrera, hori guztiz desberdina da, nire ustez, bereizi egin behar dira (cfr. Mora, 1987).

Gotzain euskaldun batek Segurtasun Indarretako kide baten aldeko hileta-elizkizuna noiz egingo zuen galdetu zion polizia-sindikatu batek elkarrizketa batean, eta Setienen erantzuna anbiguoa eta polemikoa izan zen. Aurrerago, 1994an, Setienek azaldu zuen horrelako hiletak ez egiteko pastoral-arrazoia "kristau elkartearen zaurietan ez sakontzea" (2007) zela. Ikuspegi kritikotik, problematikoa da batasunaren, ongizatearen edo kristau-elkartearen barruan gatazkarik ez sortzearen balio gorenera jotzea, horretarako beste printzipio garrantzitsu batzuk sakrifikatzen badira, horien artean, justizia, pobreen aldeko hautua edo ebanjelioarekiko koherentzia. Zehatzago, ez da inola ere indarkeria terrorista legitimatu nahi, ezta ETA eta Estatua parekatu nahi ere. Benetan parekatzen den gauza bakarra guztiz bidegabeak diren eta oinarrizko giza eskubideak urratzen dituzten ekintzen kondena-epaia da, datozen lekutik datozela (erakunde

terroristaren ekintzak izan zein Estatuaren aparatu polizial, juridiko edo politikoen kontrolik gabeko esku-hartzeak izan), baldin eta moral bikoitzaren akatsean edo giza eskubideekiko errespetuaren gainetik eraginkortasuna eta baliagarritasuna lehenestearen akatsean erori nahi ez bada.

Azkenik, ekidistantziaren teoriaren ondorio bat izan da Eliza espazio berezitu baten modura ulertzea, indarkeriazko jardunaren bi muturretatik (ETAren terrorismoa eta Estatuaren errepresioa) bereizitako gune baten modura. Nolabait, "hirugarren bide" bat izango litzateke, Setienek, Eusko Langileen Alkartasuna (ELA) sindikatu abertzaleak eta Elkarri elkarrizketaren eta akordioaren aldeko mugimenduak osatua. Setienek (*El Diario Vasco*ko elkarrizketa, 1996/08/04) aukera hori iradokitzea ere ez du egokitzat hartzen, nahiz eta onartu planteamendu batzuetan bat datozela. Nolanahi ere, planteamendu horien jatorria nabarmentzen du: gotzainen tesiak dira, nahiz eta gero beste batzuek bere egin, eta ez alderantziz.

ANBIGUOTASUNA

Gotzainak ez daude ados akusazio horrekin, eta argi eta tinko adierazten dute indarkeria terroristaren aurka daudela. Indarkeriazko gertaerak baloratzeko ikuspegi guztiak eskaintzen dituzte, partzialtasunak eta aldebakartasunak saihestuz, baina ezin dira horregatik kritikatu; izan ere, jarrera hori —arriskutsua— erantzunik egokiena da errealitatearen beraren konplexutasuna kontuan hartuta, nahiz eta horrek askotan ekarri eskainitako pentsamendua nahi bezain sinplea ez izatea.

Balantza-efektua eta horren arriskuak

Imanol Zuberok, ironiaz eta grafikoki, "balantza-efektuan" erortzeko arriskuaz ohartarazten du, eta uste du beharbada horrela gertatu dela gotzainen zenbait hitzaldi edo idatzitan.

> "Batzuk ez dira inoiz kalera irteten bi platertxoko balantzarik gabe. Konpromisoa saihesteko tresna oso erabilgarria da [...] Horrelako pertsonei erromatar balantza bat ematen badiezu, aldi bakoitzean gauza bakarra pisatzeko, erabat izutzen dira [...] Badirudi elkartasunaren eta errukiaren jokoa zero baturako jokoa dela; beraz, terrorismoaren biktimei hamar ematen badizkiezu, presoei hamar kentzearen kontura izango da. [...] Zer ote dute terrorismoaren biktimek, ezen hainbeste jendek balantza ateratzen baitu biktimak agertu bezain laster. Eskerrak preso batzuk ere badiren beste platertxoan jartzeko eta, horrela, biktimen eskariekin kontrajartzeko".

Iturria: Zubero (1999).

ARIKETA 3

Imanol Zuberok "balantza-efektuari" eta haren arriskuei buruz egiten duen planteamendua arretaz irakurri ondoren:

- Definitu efektu hori zeure hitzekin.
- Aplikatu, eta erakutsi zenbateraino erabili duzun edo ikusi duzun besteek erabiltzen dutela, izan eremu politikoan edo hedabideetan, izan zure eguneroko bizitzan (familian, lagunartean, eliz taldeetan, etab.).
- Erakutsi nola lotzen den efektu hori Elizari jarrera ekidistantea edukitzea leporatzearekin.

BIKTIMEN ONDOAN EZ EGOTEA

Gotzainek harridura eta samina agertzen dute biktimen ondoan egon ez direla leporatzen zaienean, haien iritziz, funtsik gabeko kritika delako: Elizak bere egin du eraildakoen senideen

sufrimendua, hileta-elizkizunak egin ditu —bereziki 1990eko hamarkadaren erdialdetik aurrera, gure ustez, beranduegi—, biktimen hurbilekoen ondoan izan da eta kontsolatu egin ditu. Ez da egia biktimen sufrimenduaren aurrean axolagabe azaldu direnik, ez da egia beste alde batera begiratu dutenik, besteak beste, horrelakorik ezin zutelako egin, erraildako asko, gehienak, parrokia-komunitateetako kideak zirelako. Kristau horiek guztiek arreta eta laguntza jaso dute. Hala ere, deigarria da, alde batetik, biktimei zuzendutako pastoral-idazkirik ez egotea, eta beste alde batetik, dimentsio pastoral erabakigarri bati buruzko erreferentziarik ez aurkitzea, zehazki, terrorismoak kaltetuek Eliza osoaren eta bertako eragile aktiboenen eta arduradunen aldetik jaso behar duten bidelaguntza beharrezko, posible eta espezifikoaren erreferentziarik, beste gizarte-kolektibo batzuekin egiten den bezala (gaixoak, adinekoak, haurrak, presoak, etab.).

AITA SANTUAK AGINDUTAKOAREN KONTRA JOATEA

Akusazio horrekin ez datoz bat, inolaz ere, gotzainak, eta modu esplizituan baieztatzen da aita santuak agindutakoaren eta Elizaren Irakatsi Sozialaren printzipioen arabera jokatzen dutela. Irakatsi horrek, pertsona bakoitzaren duintasun besterenezina defendatuz, fededunen jokabidea bideratzea du helburu, gizarte bidezkoagoak eta solidarioagoak eraikitzen lagun dezaten. Hala eta guztiz ere, kritika maiz errepikatu da hainbat etapa historikotan. Kritika hori helarazi zioten aita santuari terrorismoaren biktimen elkarteek ere, gotzainen aldetik sentitu ez zuten harrera eta laguntzaren bila hurbiltzean. Gotzainen jarrera defendatzeko erreakzio ofiziala ia berehalakoa izan zen, baina inola ere ez da biktimekin polemikarik nahi:

> Hainbat hedabidek Terrorismoaren Biktimen Elkarteko (AVT) eta Terrorismoaren Biktimen Kolektiboko (COVITE) ordezkarien ahotan jarri dituzten adierazpenetako batzuen aurrean, aita santua audientzia orokor batean agurtu ostean, Bilboko, Donostiako eta Gasteizko Gotzaindegietako prentsa-bulegoek

adierazi nahi dute gezurra dela elizbarruti horiek ETA ez dutela esplizituki eta nabarmenki kondenatu. Prentsa-bulego hauek gogoratzen dute gotzainen eta elizbarruti horietako beste erakunde batzuen ehunka agiri, ohar eta adierazpenetan aipatzen eta kondenatzen dela ETA (Bilbo, Donostia eta Gasteizko Gotzaindegietako prentsa-bulegoen oharra, 2001/05/04).

GOTZAINEN AUTOKRITIKA

Euskal Autonomia Erkidegoko eta Nafarroako gotzainek, beren jardunari egindako kritiketatik defendatzeaz gainera, jardun horren ebaluazioa ere egin dute. Oso goiz hasi ziren egindako akatsak onartzen. 1970ean jada onartu zen Bizkaiko elizbarrutian, "gure herriari biziki eragiten dioten arazoen" aurrean, "geldo eta irmotasun ebanjelikorik gabe" jokatu izan zela. Gipuzkoako elizbarrutian, bost urte geroago onartu zen gizarteari, ezer ez egiteagatik, egiten zaion kaltea, "Ebanjelioa berritzeko eta adiskidetzeko duen barne indar guztiarekin aurkezteko gai ez izategatik". 1980ko hamarkadaren hasieran, beste bi elizbarrutien formulazioekin osatzen da ebaluazio hori. Zehazki, gotzainak atsekabetuta azaltzen dira zenbaitetan nahikoa argi hitz egin ez dutelako edo, problematikoak eta eztabaidagarriak izateagatik, egin behar ez ziren baieztapenak egin izan dituztelako. Luisa Etxenikek hizkuntzaren erabilerari lotutako anbiguotasun horiek eragin ditzaketen kalte larriak azpimarratu ditu:

> Egoera zailenetan idatzi/hitz egin behar da argien [...], herritarren konfiantza eta itxaropena zalantzan jartzen duten arrazoiak daudenean, jendeari, gutxienez, hizkuntzaren bermea zor zaio [...]. Une horietan, hitzezko zehaztasun ezak, esaldi eginak, estilo-anbiguotasunak ustez borrokatu nahi den horren aliatu edo ezkutaleku bihurtzen dira (Etxenike, 2007).

Era berean, konturatzen dira ez dituztela behar beste kontuan hartu beren adierazpenen ondorioak, pastoralez bestelako

irizpideetan oinarriturik, modu desegokian interpretatzen baitira. Bestalde, aitortzen dute nolabaiteko ahultasuna erakutsi dutela indarkeriaren aurrean, eta biktimei samariarraren tankerako laguntza emateko orduan, tamalez, ez dutela asmatu. Nahiz eta behin eta berriz esaten duten ETA itzulingururik eta gerorapenik gabe kondenatu dutela, onartzen dute, halaber, Elizako beste kide batzuen eta gizarteko gainerako herritarren erantzuna beranduago etorri dela, agian erakunde terroristak jatorrian frankismoaren aurkako eta euskal nortasuna eta demokrazia defendatzeko itxura ("maskara") erakutsi zuelako. Azkenik, azpimarratu dute norberaren akatsak aitortzeak ez duela berez mugarik, zereginaren garrantzia ikusirik, Uriartek adierazten duen bezala:

> Inoiz ez dugu behar adina egingo biktima guztiak erreparatuko dituen, egia eta justizia errespetatuko dituen, entzungo duen eta errukituko den, hurbiltzea sustatuko duen, barkamena ahalbidetuko duen adiskidetze baten alde. Beti geratuko gara zorretan ("Euskal Herriko Elizaren papera Euskadiko bakegintzan" hitzaldia 2006/10/05).

Akatsak onartzeak gotzainek barkamena eskatzea dakar, noski. 1980rako barkamen-eskaerak egin bazituzten ere, mende honetara arte ez da argi eta garbi esplizitu egin eskaera hori, Ricardo Blázquez Bilboko gotzain zenaren ahotik:

> 1968. urtetik aurrera, terrorismoak asaldatu du gure historia. Egoera mingarri eta zail honetan, Espirituak biziaren eta askatasunaren aldeko eta giza eskubideen bortxaketen aurkako hitz eta keinuak sorrarazi ditu gure Elizan. Baina, gure ekimenek ez dutela beharrezko adore profetiko eta kemen ebanjelikorik izan onartu behar dugu. Era berean, barkamena eskatzen dugu, indarkeriaren biktimekiko hurbiltasunezko keinurik ez dugulako izan eta jendaurrean ez garelako euren alde azaldu eta ez diegulako behar den beste lagundu mehatxatuta sentitzen direnei eta askatasunik ezaren ondorioak jasaten dituztenei (Eliz Adierazpena, "Bilboko Elizbarrutiaren 50. Urteurrena", 2000).

Hala eta guztiz ere, Euskal Autonomia Erkidegoko eta Nafarroako gotzainek bere lanaren gaineko balorazio positiboa egiten dute, triunfalismorik gabe bada ere, uste baitute zeregin horretan goiz hasi zirela eta etengabea izan dela. Asurmendik, Gasteizko gotzainak, bere baieztapena gainerako elizbarrutietara ere zabalduz, beste herritar eta talde batzuekin batera bakearen eta adiskidetzearen alde egindako lanaren berri ematen du:

> Borondate oneko beste pertsona eta gizarte-talde batzuekin batera, gazteak eta adinekoak bakean bizitzeko eta justizia eta giza eskubideak errespetatzeko hezi ditugu, indarkeria oro salatu dugu; biziaren kultura sustatu dugu, biktimen minaren, askoren beldurraren, askatasunik ezaren eta heriotzaren kulturaren aurrean (1999/08/05eko sermoia).

3. EUSKAL ELIZAREN JARDUNA BIKTIMEI DAGOKIENEZ

ZER ESAN DA?

Jendaurreko adierazpenek garrantzi berezia dute, iritzi publikoan eragiteko ahalmena baitute. Gauza asko esan dituzte Elizako askotariko subjektuek urte hauetan guztietan. Horregatik, zenbait instantziatara (elizbarrutiko gotzainak, fededunen erakundeak eta elkarte katolikoko banakako kideak) hurbilduko gara, modu partzialean bada ere (atal batzuetan, Bilboko elizbarrutiari erreparatuta), eta kasu zehatz batzuk nabarmenduko ditugu, adibide esanguratsuak izan daitezkeelakoan, nahiz eta bakarrak eta osoak ez izan.

GOTZAINEK ESANDAKOAK

Terrorismoaren biktimen presentzia islatzen duten gotzainen dokumentuen azterketa xehatutik (Bilbao, 2009a) ondoriozta daiteke erreferentziak oso ugariak direla (milatik gora), askotarikoak (hainbat euskarri diskurtsibotan, horien artean, pastoral-idazkiak, sermoiak, gaitzespen-oharrak, iritzi-artikuluak, hitzaldiak, elkarrizketak, etab., eta hainbat egoeratan, tartean ospakizun liturgikoetan, ekitaldi akademikoetan, eliz edo gizarte-topaketetan eta abarretan), goiztiarrak (1968. urtean hasita, terrorismoaren lehen hildakoen garaian), etengabeak eta gero eta ugariagoak. Bilakaera kualitatibo esanguratsua eta positiboa erakusten dute.

Francoren diktaduraren garaian, gotzainak izan ziren ETAren indarkeria terrorista publikoki gaitzetsi zuten lehen instantzietakoak. Gainera, indarkeria horren biktimei doluminak agertu zizkieten —beste gizarte-eragile batzuek ez zuten horrelakorik egin—. Urte batzuk geroago, eskuin muturreko terrorismoa eta Estatuaren aparatuei lotutakoa salatu zituzten, haien aurrean ahots asko isilik geratu baziren ere. Hala ere, badirudi diskurtso hori ondoren modulatu egin zela eta gizarteak biktimen errealitatearen eta haien protagonismo gero eta handiagoaren aurrean izan zuen kontzientzia hartzearen eta sentsibilizazioaren atzetik joan zela, hori bai, poliki-poliki eta positiboki horietara egokituz.

GOTZAINEN ADIERAZPENETAKO MUGARRI BATZUK

- Bereciartuak argi eta garbi gaitzetsi zuen indarkeria asmo politikoekin erabiltzea (1968).
- Taberak giza eskubideak terrorearen aurkako legezkotasun ororen muga gaindiezina direla esan zuen (1969).
- Larraurik torturaren salaketa goiztiar eta argia egin zuen (1971).
- Méndezek, bahiketa bat kondenatzean, "biktima" hitza erabili zuen lehen aldiz (1973).
- Argayak indarkeriazko ekintzak publikoki gaitzesteko oharren zerrenda luzeari hasiera eman zion (1970); lehen aldiz erabili zuen "terrorismo" terminoa, eta biktimaren errugabetasuna nabarmendu zuen; azkenik, terrorismoaren amaieran laguntzeko biktima gisa eskaini zuen bere burua (1974).
- Añoveros euskal gizartean indarkeriaren inguruan zegoen moral bikoitz kaltegarriaren aurka agertu zen (1974).
- Cirardak lehen aldiz aipatu zuen biktima bat izen-abizenekin eta ETA (1969), eta "terrorismoaren biktima" (1984) adierazpena erabili zuen.
- Larreak biktimekiko elkartasuna eta hurbiltasuna adierazteko eskatu zion kristau-elkarteari, eta terrorismoak zuzenean jo zituenen senideei biktima izaera aitortu zien (1995).
- Blázquezek biktimei barkamena eskatu zien esplizituki, zuzenean eta behin eta berriz, elizak haien egoerarekiko izan dituen akatsak kontuan hartuta (2000).

"Sufrimendu" kategoriak gotzainen diskurtsoan duen zentraltasunaren eraginez, biktimekiko erreferentziekin eta arretarekin batera, beti biktimagileekiko erreferentziak ere egin izan dira, gotzainen arabera biktimagileek ere sufritzen dituztelako, beste modu batera bada ere, indarkeriazko gatazkaren ondorio negatiboak. Horrek, arrazoi osoz, biktimen kritikak eragin ditu, mezu horietako batzuek ez baitituzte argi bereizten bidegabeko sufrimendua —terrorismoaren biktimek jasandakoa edo, biktimagile izanda ere, aldi berean Estatuaren terrorismoaren edo poliziaren gehiegikerien biktima direnena— eta bidezko sufrimendua —biktimagileek sufritzen dutena egin dituzten krimenengatik auzipetuak eta kondenatuak direnean, Zuzenbide Estatuaren estandar demokratikoen arabera—.

Jose Maria Setien: "Indarkeria, kristau-elkartearentzako erronka" (1980)	**Fernando Sebastián: "Egin dezagun bakea guztion artean eta guztiontzat" (1999)**
[...] Baina ez da herria bakarrik, indarkeriazko ekintzen ondorio eta eragin zuzenak eta berehalakoak zuzenean eta berehala sufritzen dituzten pertsonak ere hor daude: hildakoak eta haien senideak, edozein izanik ere haien jatorria eta hautu politikoak; mehatxuak jaso eta herrialdea uztera behartuta sentitu direnak; guardia zibilak eta haien senideak; iraultza-zerga ordaindu edo herrialdea uztearen artean hautatu behar duten enpresaburuak, leku seguru bat non topatuko duten eta mehatxuak noiz amaituko diren jakin gabe. Beren hautu politikoak edo, gatazkan duten posizioarengatik, duten rola edozein izanik ere, sufritzen ari diren eta sufrimendu hori beren	Terrorismoaren biktimen presentzia eta esku-hartzea ez da oztopo izango bakegintza-prozesurako. Biktimek, terrorismoaren ondorioak beste inork baino gehiago jasan dituztenek, beste inork baino indar handiagoz nahi dute sufritu behar izan dituzten tragediak ez errepikatzea. Biktimen ahotsak terrorismoaren aurpegirik tragikoena eta ankerrena gogorarazten digu. Oker gaude uste

ingurukoei jakinarazten dieten pertsonak dira. Haiekin batera sufritzen duten amak eta emazteak eta seme-alabak dituzten semeak dira. Eta nahi ala ez, sufrimendu hori inork, ezta kristau-elkarteak ere, ezin du alde batera utzi edo gutxietsi. Eta sufritzen dute, nola ez, kartzeletan eta erbestean daudenek, polizia-etxeetatik pasatzen direnek eta haien senideek, edo polizia-ekintzen mehatxupean bizi direnek. Sufrimendu hori guztia hor dago, gure herriak indarkeria sufritzen du eta indarkeria erabiltzen du. […] Kristau-elkartean, egiaz, justiziaz, maitasunaz eta askatasunaz hitz egiten duten baieztapen orokorretan babesteko tentazio handia dago […], baina hitz horiek edukiz bete gabe —egoera batzuetan, batez ere— min egin dezaketelako. Iturria: *Aldizkari Nagusia. Donostiako Elizbarrutia* (1980: 857-870).	badugu presoek bakarrik sufritzen dituztela gatazken ondorioak. Terrorismoaren ondorioak jasaten lehenak hildakoak, mutilatuak, alargunak eta umezurtzak dira, ezinbestean zauritutako familiak. Horiek guztiek lehentasunezko arreta, ulermena, kontsolamendua, laguntza pertsonala eta laguntza materiala ere merezi dute. Sufrimenduaren aurrean erakutsitako sendotasunarekin eta izandako portaera eredugarriarekin, sendotasun moralaren eta gizatasun miresgarriaren eredu izan dira eta dira. Iturria: *Iruñea eta Tuterako Elizbarrutiko Aldizkari Nagusia* (1999: 92-99).

ARIKETA 4

Irakurri bi testuak gai hauei buruz hausnartzeko:

- "Biktima" eta "sufrimendu" kategoriei dagokienez, zein dira ezaugarri komunak eta zein bien arteko desberdintasunak?
- Zer balioespen etiko egiten duzu bi jarreretako bakoitzaren aurrean?

Terrorismoaren biktimen hiru eskariak —egia, justizia eta memoria— oso modu eskasean, berandu eta originaltasun txikiarekin hartu dituzte gotzainek, baina gehienbat modu positiboan eta, ziurrenik, biktimek berek hartu duten gizarte-garrantziak eraginda, kristau-mezuaren baliabide eta erreferentzia espezifikoen barne-dinamismo ugarien bidetik baino gehiago. Gotzainek elkartasuna eskaintzen diete biktimei, eta terrorismoak kaltetuekiko jarrera hori berez eta zuzenean sortzen da haiengan —ia justifikaziorik behar izan gabe—. Kaltetuek, bestalde, ez dute jarrera hori zalantzan jartzen.

Nolanahi ere, esan daiteke terrorismoaren biktimen gaia bigarren mailakoa izan dela beti; izan ere, Euskal Herriko gatazkari dagokionez, gotzainen kezka nagusia eta lehentasuna "bakea eta adiskidetzea" binomioa izan da: a) "bakea", indarkeriazko edozein jokabide, edozein motatakoa eta jatorritakoa, desagertzea; eta b) "adiskidetzea", gotzainen interpretazio ohikoenaren arabera, adierazpen bidegabeena terrorismoa duen izaera politikoko gatazka batean aurrez aurre dauden alderdien arteko adiskidetasuna eta bizikidetza. Biktima batzuek gotzainek adiskidetzearen alde eman duten mezuaren aurrean azaldu izan dituzten errezeloek eta desadostasun esplizituek, neurri batean, gotzainek erabili izan dituzten bi planteamendutan dute jatorria: alde batetik, gatazkaren (eta, horri lotuta, adiskidetzearen) eskema simetrikoa, horren arabera, barkamena eta adiskidetzea aurrez aurre dauden aldeek eman behar diotela "elkarri" esaten baita; eta, beste alde batetik, erasotuek erasotzaileei nahitaez barkatzeko eskaera ñabardurarik gabea, erasotzaileei baldintzarik jarri gabe.

Euskal Herriko Gotzainen baterako pastoral-idazkia: "Pakea salbatzeko salba askatasuna" (1981)	**Euskal Autonomia Erkidegoko eta Nafarroako gotzainen garizuma-pazkoko baterako pastoral-idazkia: "Jesusen jarraipena eta kontzientzia morala" (1985)**
"[...] Berriro ere, ahots garbiz eta minez gaitzetsi behar ditugu mehatxuak, bahiketak, "iraultza-zerga", talde armatuek besteren ondasunei eta instalazio publikoei egindako erasoak. Beste ororen gainetik, ez gara nekatuko gure ahotsa behin eta berriz altxatzeaz ustezko justiziaren edo estrategia iraultzaile baten izenean eragindako heriotzen aurka. Heriotza horiek egileak doilortzen dituzte, herritarrak lotsarazten edo sumintzen dituzte, bizitzarekiko errespetuaren zentzu etikoa kaltetzen dute eta gure herriaren irudia zikintzen dute. [...] Gaur egungo eredu soziopolitikoaren gabezia ukaezinek, pertsonen oinarrizko eskubideak behar bezala bermatzen ez dituzten lege batzuen gogortasunak, Ordena Publikoko Indarrek egindako gehiegikeriek ez dituzte heriotza horiek justifikatzen eta ez dute baliogabetzen gure herriaren gehiengoak, ondoz ondoko hauteskunde-kontsultetan, babesten duen prozesu demokratikoaren zilegitasuna. Horregatik,	"Giza bizitzaren eta agindu moralen arteko koherentziak ematen dio lehen erantzuna etikaren eta eraginkortasunaren arteko gatazkari. Etika da giza errealizazioa lortzeko asmoaren eraginkortasun osoaren bermea. Bestalde, balioek eta agindu moralek gizakia bere osotasunera eramateko duten gaitasunean du arau etikoak bere benetakotasunaren marka kritikoa. [...] Gizakiaren aurkako atentatuak interes kolektiboan oinarrituta justifikatu nahi izateak zalantzan jartzen du ustez lortu nahi den helburu sozial edo politikoaren egia eta zintzotasuna. Gizartearen kontzepzio totalitario edo kolektibista batek bakarrik eman ditzake ontzat pertsonak suntsitzera bideratutako jarduera-prozedurak. Pertsonen errealizazioan datza, hain zuzen ere, guztien benetako ongia. [...] xedeari neurrigabeko balioa emateak totalitarismora garamatza: intentzionalitate hutsaren, teknokraziaren edo

talde armatuek, Euskal Herriaren izenean jarduten dutela diotenek, ezin dute esan beren ekintzak herriak agindu eta onetsi dituenik.
Herriaren borondatea kontuan hartzen ez dutenek eta, horrela, haren biziraupena bera arriskuan jartzen dutenek defendatu nahi duten herri horren etsai moduan jokatzen dute. [...]

Iturria: *Bilboko Elizbarrutiaren Aldizkari Nagusia* (1981: 67-71).

mugimendu iraultzaile utopikoen totalitarismora. Pertsona berezia eta historikoa defendatu behar da estatu-arrazoiaren, iraultzaren edo teknikaren aurrean, historia arbitrariotasunaren edo botearen joko bihurtzea nahi ez badugu.

Iturria: *Gasteizko Elizbarrutiaren Aldizkari Nagusia* (1985: 72-106).

Euskal Autonomia Erkidegoko eta Nafarroako gotzainen garizuma-pazkoko baterako pastoral-idazkia: "Giza gatazkak eta kristau-adiskidetzea" (1984)

Eskaintzen den eta jasotzen den barkamenaren esperientzia funtsezko giza esperientzietako bat da. Barkamenik ezak pertsonaren benetako mutilazioa adierazten du. Inork ez daki barkatzen, askotan barkatua izan ez bada. Inork ezin du barkatua izatearen poza sentitu, berak barkatzen ez badu. Justiziaren zentzua bera, barkamenerako sentsibilitaterik gabe, errebindikazio-espiritu bihurtzen da, eta gizakia gogortu eta samurtasunerako duen gaitasuna indargetzen du. Horretan datza justizia garbiaren gutxiegitasun erradikalena [...] Barkatzeko gaitasuna bestea ulertzeko gaitasunarekin lotuta dago. Pertsonen funtsa ezagutuko bagenu, jarrera asko nola sortzen diren jakingo bagenu, barkatzeko askoz ere gaitasun handiagoa izango genuke. Jainkoak erabat barkatzen gaitu, ulertzen gaituelako.
[...] Barkatua ez ezik, iraindua ere goresten du. Bestearekin ez ezik, geure buruarekin ere adiskidetzen gaitu. Horregatik sortzen du bakea eta poza.
[...] Memoria historikoa beharrezkoa eta onuragarria da. Baina gure gatazkekin irmo lotzen gaituen ahazteko ezintasun ere bihur daiteke. Gizarte batean besteen lotsa guztiak agerian jartzeko grina dagoenean

"egia argitara atera dadin", aitortu ezin den zerbait ezkutatzen da egiaren eta justiziaren aldeko itxurazko ardura horren azpian. "Herriak ez du barkatuko" eta antzeko esaldiak guztiz ankerrak iruditzen zaizkigu, gizarteari barkatzeko gaitasuna bera kentzea dutelako helburu.

Gure barkamenaren eraginkortasunaren oinarria Gurutziltzatuak heriotzara eraman zuten gorrotoa eta intolerantzia gainditzeko eman zuen barkamena da. Orduz geroztik, barkamena, hauskorra izanik ere, munduko indarkeria guztia baino indartsuagoa da. Benetan sinesten al dugu barkamenaren indar salbatzaile horretan?

Iturria: *Bilboko Elizbarrutiaren Aldizkari Nagusia* (1984: 66-91).

ARIKETA 5

Irakurri arretaz testuak, honakoen inguruan azaltzen duten ikuspegia identifikatzeko eta etikoki balioesteko:

- Biktimak eta biktimagileak.
- Sistema demokratikoaren legitimitatea.
- Etikaren eta eraginkortasunaren arteko eta helburuen eta bitartekoen arteko erlazioa.
- Barkamena eta horrek adiskidetzearekin dituen loturak.

Hala ere, erantsi behar dugu gotzainek gai horien inguruan duten jarrerak bilakaera positibo nabarmena izan duela: biktimagileei eskakizun moralak egiten zaizkie (besteak beste, damutzea edo biktimari barkamena espresuki eskatzea), eta, hortaz, baztrrean gelditzen dira planteamendu simetriko okerrak.

Uriarte monsinorea, adiskidetzearen gotzaina

Setienekin batera, Uriarte da, zalantzarik gabe, indarkeriaren gaia zabalen eta sakonen landu duen euskal gotzaina. Aurrekoarekin alderatuta, aldeko du bere izaera eta irudi hurbilagoa eta atseginagoa. Terrorismoaren biktimei dagokienez, ziurrenik diskurtso zabalenak egin dituen gotzaina da (batzuetan, suhartasun handiz, gainera). Hauek dira

bere mezuaren ezaugarri nagusiak: a) biktimak jasaten duen deskalifikazio moralarekiko kezka, haren hilketaren aurreko edo ondorengo justifikazioak ikusirik; ondorioz, b) biktimak parte diren kolektibo profesionalek gizarteari ematen dioten zerbitzua aitortzea; c) mehatxatuei gizarte-babesa emateko ekimenak abian jartzeko exijentzia; d) terrorismoaren aurkako gizarte-ekimenei babes pertsonala ematea; eta, batez ere, e) adiskidetzearen alde lan egitea. Hain zuzen ere, adiskidetzearen inguruko diskurtso etiko eta teologiko oso eta sistematikoenetako bat eskaintzen du, eta horretan Elizak izan dezakeen zeregina nabarmentzen du (Uriarte, 2013). Hori guztia planteamendu simetrikoetatik oso berandu arte erabat aldendu gabe, bai euskal gatazka kontzeptualizatzeko orduan eta bai sufrimendua kategoria generiko gisa lehenesteko orduan, beste zehaztapen garrantzitsu batzuen gainetik.

ARIKETA 6

Ikusi Juan Mari Uriarteri egindako elkarrizketa, *La reconciliación* (2013) liburuaren aurkezpen gisa: https://n9.cl/csf4p.

Ondoren, egin gogoeta gai hauei buruz:

- Nola bereizten ditu "biktima" eta "sufritzailea"?
- Nola balioesten du Elizaren eginkizuna terrorismoaren biktimei laguntzeari dagokionez?
- Nola ulertzen ditu Uriartek "elkarrizketa" eta "adiskidetzea"? Zer zeregin esleitzen dio Elizari prozesu horretan?
- Ados al zaude Uriartek esaten duenarekin? Zergatik?

Oro har, esan daiteke gotzain bakoitzak terrorismoaren biktimak aipatuz idatzitako agiriak baterako idazkiak baino ugariagoak, aberatsagoak, zehatzagoak eta egokiagoak direla. Baterako idazkiak, normalean sistematikoagoak eta gogoetatsuagoak badira ere, orokorrean zehaztasun eta espezifikotasun txikikoak izaten dira. Testu partikularrak dira lekurik egokiena gotzainen biktimen inguruko diskurtsoaren emaitzarik onenak egiaztatzeko, askotan indarkeriazko gertakariei erantzuteko berariaz sortu izan direlako, errealitate zehatz baten aurrean —izen-abizenekin— eta

beste sentsibilitate pertsonal edo kolektibo batzuekin adostu behar izan ez direlako.

KRISTAU-TALDEAK

El Salvador Foroaren planteamenduak polemikoak izan dira eliz elkartean, bereziki Bizkaikoan. Horiekin batera, 226 apaizek sinatutako Gutuna ere aipatu behar dugu (2001/01/05). ETAri, politikariei, herritarrei, hedabideei eta kristau-elkarteetako arduradun eta kideei zuzendutakoa da. Azken horiei eskainitako puntuan, honako hau adierazten da:

> Beste batzuei eskatzen dieguna erronka bat da guretzat ere. Onar dezagun:
>
> a. Bizi dugun egoerak min eta sufrimendu handia sortu du eta sortzen jarraitzen du. Hurbil gaitezen sufritzen ari direnengana eta erakuts diezaiegun gure elkartasuna. Haiek ere Kristoren oinaze-aurpegia dira:
>
> - estrategia terrorista hutsagatik, pertsona maite bat galdu dutenak;
> - estortsioa, erasoak, irainak jasaten dituztenak, jarduera demokratikoak garatu edo jarrera ideologiko demokratikoak defendatu arren;
> - egoera horregatik beragatik senide presoak ondoan ez dituztelako edo urrun dituztelako sufritzen ari direnak, gero eta etsipen handiagoarekin.
>
> b. Azkenik, behean sinatzen dugunok aitortzen dugu sarritan ez dugula jakin indarkeriazko ekintzek modurik bidegabeenean kolpatu dituztenengandik hurbil egoten, ez dugula gure ahotsa altxatu edo ez dugula salaketa-keinurik egin jokabide iraingarrien aurrean. Barkamena eskatzen dugu eta bakearen aldeko gure apustua berritzen dugu.

Era berean, nabarmentzekoa da Bilboko Elizbarrutiko apaiz-talde baten oharra (2003/02/27) igandeko eukaristietan irakurtzeko. Bertan, Euskadiko Alderdi Sozialistako (PSE) eta

Alderdi Popularreko hautagaiek bizi duten jazarpen-indarkeria eta, horren ondorioz, bi alderdiek beren hauteskunde-zerrendak osatzeko dituzten zailtasunak aipatzen dira. Egoera salatzearekin batera, elkartasuna adierazten zaie eragindako pertsonei, eta hautagaitzak osatzeko izena ematen dutenen lekukotza aitortzen da.

Euskal Herriko Apaizen Koordinakundeak ere bere iritzia eman du aldizka, etikaren ikuspuntutik oso eztabaidagarriak diren terminoetan. Adibidez, Joan Paulo II.a aita santuari bidalitako gutunean, euskal herritarren autodeterminazio-eskubidea defendatzen du, eta Euskal Herriko indarkeriaren jatorria "gure eskubide kolektiboen onarpenik ezak eragindako gatazka" dela dio. Gatazka hori sufritzen ari diren guztiekiko elkartasuna adierazten du (*Deia*, 2003/05/14))[9].

BANAKAKO FEDEDUNAK

Oso zaila da Euskal Autonomia Erkidegoko elizbarrutietako fededunek terrorismoaren biktimei buruz egin dituzten ekarpenak laburbiltzea. Horregatik, gure hurbilketa adibide batzuk ematera mugatuko da.

Beren jarrera jendaurrean azaldu duten Bizkaiko fededunen banakako ahotsen artean, Rafael Aguirre jesuita nabarmendu daiteke. Bizitza soziopolitikoaren eta kristau-fedeak bertan duen tokiaren inguruko kezkak hedabideetan modu aktiboan parte hartzera bultzatu dute (Aguirre, 1998). Hizpide dugun gaiari dagokionez, elkarrizketa batean argi zehazten du zein den bere jarrera (*Vida Nueva*, 1998/11/07):

- Biktimei zor zaien egia, justizia eta memoria aldarrikatzen ditu.
- Terrorismoak kaltetutakoei dagokienez, elizaren jardunean elkartasun eraginkorra txikiegia izan dela aitortzen du.

9. Euskal Herriko Apaizen Koordinakundearen jarreraren ebaluazio kritikoan sakontzeko, ikus Sáez de la Fuente (2002).

- Kontu handiz ibiltzeko eskatzen du, biktimei orain arteko portaera desegokiek (bazterrean uztea, izen ona zikintzea...) eragindako irainak eta sufrimenduak ez areagotzeko.
- Bidegabe tratatutako pertsonei bidelaguntza egokia emateko eskatzen du, barkamenaren urrats zail eta humanizatzailea eman dezaten.

Urte batzuk geroago, planteamendu horiek osatzeko, biktimen esanahi politikoan sakondu du, hau da, biktimen hilketaren kausa salatzen du (eta haren beharrezko porrota eskatzen). Ildo beretik, biktimak gizarte demokratiko osoarentzat ondare komuna direla azpimarratzen du eta Euskal Herriko bizitza politikoan izan behar duten tokiaren interpretazio desegokiak ekarriko lituzkeen arriskuez ohartarazten du.

Urte hauetako beste erreferentzia bat Isaac Díez salestarra izan da, José Antonio Ortega Lararen (ETAren bahiketarik luzeenaren biktimaren) familiaren bozeramailea. Bere diskurtsoan biktimen errealitatearen balio eta esanahi sakonak nabarmentzen dira. Gainera, biktimen egoeraren tratamendu sozial, legal eta politikoan egindako akatsen eraginez, haien gizarte-garrantziak eragin ditzakeen distortsioez ohartarazten du, egoera horrek eskubideak aldarrikatzeko elkartzera behartu baititu, baita jarrera biktimista bat hartzera ere.

Erlijiosoen eta apaizen artean izan dira terrorismoaren biktimen aldeko beste ahots eta lekukotza publiko batzuk ere, horien artean, José M. Delclaux, Jesús Sánchez Maus edo Javier Vitoriarenak. Gipuzkoan, Pako Etxebeste gogora dezakegu —beste batzuekin batera, Etikarte (2013) taldeko kidea— eta Gasteizen, José Ignacio Calleja (2006).

Garrantzitsua da kontuan hartzea Euskal Autonomia Erkidegoko eta Nafarroako apaizek beste norabide bateko adierazpen publikoak ere egin zitzaketela sermoietan, baina, beren izaeragatik, normalean ez dira jaso eta gorde. Horrek zaildu egiten du haien ebaluazio egokia egitea.

Laiko katolikoen artean, ezinbestean aipatu behar dugu Imanol Zubero, euskal bakezaletasunaren aktibista, unibertsitateko

irakaslea eta hedabideetako ohiko kolaboratzailea (Zubero, 2000). Bere esku-hartzeetan, biktimekiko "despotismo errukiorra" deitutakoaren gizarte-arriskuaz ohartarazten du (*El País*, 2004/12/21), eta, ondorioz, albiste pozgarritzat du terrorismoaren biktimak subjektu politiko aktibo gisa agertu izana (*El País*, 2003/09/23), harrigarria iruditzen zaio haien esperientzia traumatikoari aurre egiteko izan duten jakinduria eta heldutasuna (*El País*, 2004/04/06) eta, beti, gizartearen "osasun moralaren adierazle"tzat hartzen ditu (*El País*, 2005/05/18). Horrek guztiak biktimen presentzia errealitate deseroso bihurtzen du gizarteko gainerako kideentzat. Baina hala behar du izan, elkarren arteko liskarrera iristen ez diren bitartean (*El País*, 2005/05/25). Azkenik, Zuberok arreta berezia jartzen du memoriaren gaian eta, biktimei dagokienez, denbora behar bezala kudeatzeko beharrean: ezin da etorkizun baketsu batera aurrera egiteko tentazioan erori biktimei behar adinako arreta eskaini gabe (*El Correo*, 2006/03/26), beharrezko dolua egin gabe (*El Correo*, 2006/05/28) eta tragediaren lekuko moral gisa duten zeregina behar bezala garatzeko aukerarik eskaini gabe (*El Correo*, 2006/06/11), terrorismoak kaltetutakoei beste bidegabekeria bat egiteko eta belaunaldi gazteenei ikaskuntza baliotsua lapurtzeko arriskua ekarriko lukeelako.

Xabier Etxeberria Deustuko Unibertsitateko Etikako katedradun emerituak ere leku nabarmena du, bere sinesmen erlijiosoetan, bakezaletasunean, esperientzia pedagogikoan eta gaitasun intelektualetan oinarrituta, modu esanguratsuan aberastu baitu terrorismoaren biktimei buruzko gogoeta, zorroztasun, sentiberatasun eta sakontasun handiz. Haren ekoizpen oparoko testu aipagarrienetako batzuk lerro gutxi batzuetan laburbilduko ditugu: terrorismoaren biktimek Euskal Herriko hezkuntza-testuinguruan presentzia izateko proposamenak (Bilbao eta Etxeberria, 2005) erreferentziazko norabidea ematen dio hizpide dugun gaiari, eta bakerako hezkuntza biktimei zentraltasuna emanez birformulatzeko anbizio handiko asmoa egituratzen du (Etxeberria, 2013). Jendaurreko esku-hartze ugariak hainbat idatzitan bildu ditu; haietan, ez dio uko egiten terrorismoaren biktimen inguruko hainbat gai problematikori buruzko iritzia emateari,

besteak beste, biktimen presentzia publiko antolatuaz (Etxeberria, 2007c), memoriaz (Etxeberria, 2007b), edo barkamenaz eta adiskidetzeaz (Etxeberria, 2007a eta 2007d).

Bizkaiko laiko katolikoen artean terrorismoaren biktimen aldeko beste ahots eta lekukotza publiko batzuk ere izan dira, esate baterako, Carlos García de Andoin, Juan Luis de León edo Pedro Luis Ariasenak. Araban, Jesús Prieto etengabe azaldu da biktimen alde.

ZER EGIN DA?

Esatea zerbait egitea bada ere, ukaezina da, kasu honetan behintzat, ez dela nahikoa, bereziki kontuan hartuta egoera oso bidegabea dela, galera material, psikologiko eta espiritual garrantzitsuak baititu. Hortaz, halakoetan, hitzak ez dira nahikoak. Fede katolikoan beti izan du garrantzi berezia dimentsio praktikoak, gizartean sinesmen erlijiosoaren lekukotza emateko, egiaztatzeko eta sinesgarri egiteko balio baitu. Horregatik, beharrezkoa da Euskal Autonomia Erkidegoko eta Nafarroako Elizak eta bertako kideek terrorismoaren biktimen alde egin dutena jasotzeko hasi dugun ibilbidea osatzea.

Errealitateari egokitutako ebaluazioa egin ahal izateko zailtasun bat, eta garrantzi handikoa, datu zehatzak behar bezala eskuratzeko zailtasuna da. Biktimekiko eliz jarduera asko behatzaileen esparrutik kanpo daude, pribatuak direlako, behar den diskrezioarekin egin direlako edo fededun anonimoek egin dituztelako.

Guk geuk, modu naturalean eta bilaketa zehatzik egin gabe, lekukotasunen bidez jakin dugu kasu gutxi batzuetan maila desberdinetako eliz ordezkariek biktimak bisitatu, lagundu eta kontsolatu dituztela. Halakoetan, eliz ordezkariek laguntza espirituala eta materiala eskaini diete biktimei. Elizbarrutiko erakunderen batek ere, bere espezifikotasun eta gaitasun profesionala kontuan hartuta, zerbitzuak eskaini izan dizkie terrorismoak kaltetutako pertsona batzuei. Baina onartu behar da egoera horiek partzialak

eta zehatzak direla eta ezinezkoa dela errealitate horren inguruko ebaluazioa egitea. Bestalde, litekeena da, era berean, Elizaren ordezkaritza ofizial edo instituzionalei alor honetan egotzi ahal zaizkien gabezietako batzuk, neurri batean, fededun partikularrek konpondu izana, fedeak edo giza hurbiltasunak bultzatuta, bidegabeki sufritzen ari zirenei elkartasuna erakutsi baitiete.

Beste batzuetan, jardueren formulazio orokorrek eta ondorengo erreferentziarik eta ebidentziarik ez izateak egindakoa behar bezala ebaluatzea zailtzen dute. Esate baterako, Bilboko Elizbarrutiko II. Ebanjelizatze Egitasmoak (1998-2003) oso modu orokorrean aipatzen zuen "Ikur eta keinu esanguratsuekin, indarkeriaren ondorioak jasaten dituzten pertsonengana eta familiengana hurbiltzea: biktimak, mehatxatuak, presoak...", baina ez da jaso zeregin horren gauzatze-maila.

Jokabide praktikoen alorrean, merezi du aipatzea Bizkaiko elizbarrutiko lau apaizek egindakoa (Basagoiti, Sánchez, Vega eta Villarroel, 2003): asmo politikoko indarkeriaren salbuespenezko testuinguruan (PPko eta PSEko udal ordezkarien kontrako mehatxuak eta atentatuak eta, horien ondorioz, hautagaitzak aurkezteko zailtasunak), 2003ko udal-hauteskundeetan, alderdi horien hauteskunde-zerrenden azken tokiak betetzea erabaki zuten Bizkaiko hainbat udalerritan, nahiz eta kanpainako ekitaldietan ez parte hartu. Ebanjelioarekiko koherentziaz egiten zuten hori, mehatxatuekiko elkartasun- eta hurbiltasun-keinu gisa, haien bizi-baldintza zailak partekatzeko. Hala ere, ez da ulertu behar, politikari dagokionez, haien ideologiarekin eta planteamenduekin identifikatzen direnik.

Era berean, gogora ekarri behar dugu terrorismoaren biktimen inguruko hileten eta ospakizunen gai polemikoa. Urte askoan hileta-elizkizunak egiteko moduak argi erakusten digu Elizak hildakoekiko eta hildakoek, senitartekoek eta kide ziren taldeek merezi zuten arretarekiko izan duen hutsune mingarria eta tristea. Bizkaian, esate baterako, gotzainek hileta-elizkizunetan parte hartzea ia anekdotikoa izan zen, Ricardo Blázquez heldu zen arte. Honek parte-hartze hori ohiko bihurtu zuen eta, *de facto*, gai horri buruzko araudi praktikoa aldatu zuen. Elizbarrutiko apaizen

presentzia ere salbuespenezkoa izan da oraintsu arte, baita elizbarrutiko kristau-elkartearena ere, oro har. Azpimarratzekoa da ekitaldiaren zeharkako elementuek —gobernuko agintarien presentziak eta horren ondoriozko segurtasun- eta protokolo-neurriek edo, horrekin batera, ekitaldi erlijiosoaren manipulazio politikoaren arrisku nabarmenak— zaildu egin dutela ospakizuna zegokion parrokia-elkartean egitea —kasu askotan, tenplu bakar batean zentralizatzearen alde egin zen— eta, sarritan, baita herritarren parte-hartze masiboa ere. Biktimak oroitzeko berariazko ekitaldi erlijiosorik ez egoteak edo horrelakorik egin nahi ez izateak, desegokitzat edo pastoral-jardunbide orokorraren kontrakotzat hartu izan direlako, ezinegona eta polemika areagotu besterik ez dute egin.

Bestalde, ezin da ahaztu Elizak elizbarrutiko elkarteko kide guztiekin, eta batez ere gazteenekin, bakearen inguruan egin duen sentsibilizazio-, kontzientziatze- eta hezkuntza-lana, hainbat plataforma (parrokiak, ikastetxeak, laikoen mugimenduak eta erakundeak...) eta bitarteko zehatz (kanpainak, ekitaldi publikoak, materialak, etab.) erabiliz. Horien artean aipatzekoak dira, besteak beste, ibilaldiak (Urkiolara, Arantzazura, Ziortzara eta abarrera), elizbarrutiko kanpainak, elizbarrutiko teologia-zentroek antolatutako hitzaldi-zikloak, Bake eta Adiskidetze Jubileua (2000) eta, nola ez, urtero ikastetxeetan, urtarrilaren amaieran, egiten den Bakearen Astea (Eskolapioak-Itakak sustatuta), Gandhiren hilketaren urteurrenarekin bat. Esan beharrekoa da ekimen horietako batzuek polemika sortu dutela Elizaren barruan bertan, eduki eta planteamendu batzuk direla-eta. Gainera, ia kasu guztietan, gizarte-helburu gisa "bakea eta adiskidetzea" binomioari emandako lehentasunak batzuetan terrorismoaren biktimen errealitatea ezkutuan geratzea ekarri du edo, gutxienez, biktimei bigarren mailako eginkizuna ematea.

Fedearen esparrutik ekimen zibil eta akonfesional bat bereganatzeko inolako borondaterik gabe, aipagarria da, bederen, Bakearen Aldeko Koordinakundeak terrorismoaren biktimen alde egin zuen lana eta erakutsi zuen konpromisoa. Hain zuzen ere, erakunde horretako hainbat kide eta talde Elizatik sortu ziren

(Sáez de la Fuente eta Bermúdez, 2025). Terrorismoak kaltetuekiko hurbiltasunak ahalbidetu du biktimei buruzko aitorpen eta kontzientziazio sozialeko esperientzia egonkor bat garatzea: Biktimekiko Elkartasun Jardunaldiak. Jardunaldi horiek biktimen egoeraren inguruko gogoeta egiteko aukera eman zuten eta, batez ere, haien lekukotza zuzena eta probokatzailea entzutekoa.

ETAren amaieraren ondorengo testuinguru berria: Bilboko Elizbarrutiaren kasua

ETAren jarduera terroristaren amaierak (2011) eta haren desegiteak (2018) bestelako egoera bat ekarri zuten. Bizkaiko Elizak egoera hori aprobetxatu zuen lehen aldiz (2012) pastoral-ekintza bat abian jartzeko, ordezkaritza eta erantzunkidetasuneko organo gorenetan adostua, Elizbarrutiko Bake eta Adiskidetze Batzordearen jarduteko ildoak zehazteko. Une horretatik aurrera, jarduera-programa apal baina sakon bat jarri zen abian. Programa horren funtsezko ardatzetako bat biktimekiko harremanetan egindako akatsak gainditzea izan da:

- Askotariko biktimen talde txiki batekin harremanak izateko, haiei entzuteko eta kritikak jasotzeko prozesu bat hasi zen. Autokritika kontsekuentea egin zen, biktimekiko konpromiso zehatzak hartu ziren eta, amaieran, ospakizun solemne bat antolatu zen.
- Biktimen taldearekiko harremanari eutsi zaio eta Bake eta Adiskidetze Batzordearen jarduera kontrastatzeko ardura eman zaio. Era berean, biktima horien bidelagun izan eta haien esku-esku hartze publikoetarako aholkuak ematen zaizkie.
- Elizbarrutiko ikastetxeetan ohikoak dira biktimen testigantzak, Eusko Jaurlaritzako Adi-adian proiektuaren babesean.
- Biktimen omenezko ospakizun liturgikoak egiten dira Elizbarrutian.
- Urtero antolatzen dira garizumako topaketak (Bake Topaketa), eta horietan toki nagusia ematen zaie biktimei eta haien lekukotzei.
- Memoriaren Eguna (azaroaren 10a) elizbarruti osoan ospatzen da, jarduera bereziak egiten dira eta ekitaldi publikoetan parte hartzen da.

Ekimen horiekin guztiekin batera, ordena erlijiosoek ere proiektu ugari eramaten dituzte aurrera. Esate baterako, Jesusen Lagundiak bere

ikastetxeak eta unibertsitatea biktimen lekukotzei irekitzen dizkie; Lagundiko erakundeek biktimekiko izan duten jardunaren memoria kritikoko prozesuak egin dituzte; barkamen eta adiskidetze lantegiak antolatzen dituzte, etab.

Gaur egun, terrorismoaren biktimen inguruko gizarte-sentsibilitatea nabarmen murriztu denean, Elizak haiekiko konpromisoari bizirik eusten diola ondoriozta daiteke.

AMAIERAKO LABURPENA: BIKTIMEN PRESENTZIA ELIZ BIZITZAN

Indarkeria terroristaren biktimek Euskal Autonomia Erkidegoko eta Nafarroako Elizaren diskurtsoan izan duten tokia polemika-iturri izan da. Eliza gogor kritikatu izan dute horrengatik —ez beti argudio sendoekin— hainbat subjektu sozialek, Elizako kideek eta biktimen multzo esanguratsu batek. Kritika hori, nolanahi ere, hiru hamarkada baino gehiagoz euskal gizarteak eta Espainiakoak biktimak abandonatu izanaren gaitzespen gogorraren barruan kokatzen dute. Horrek ez du esan nahi Elizaren jarrera errugabea denik, batez ere kristau-tradizioan baliabide nahikoak badirelako beragandik terrorismoaren biktimei arreta emateko jarrera nabarmen hobea espero izateko.

Elizaren aurka (eta, bereziki, gotzainen aurka) egindako kritikek askotariko akusazioak biltzen dituzte: biktimak abandonatzea eta barkamena eskaintzeko eskatzea; terrorismoaren aurrean jarrera desegokia izatea, isiltasunetik delituen aurrean beste alde batera begiratzerainokoa; errugabetasun-autokontzientzia (okerra); anbiguotasuna, ekidistantzia, biktimak eta borreroak parekatzea eta nahastea; arlo politikoan legitimitaterik gabe sartzea eta jarrera nazionalistak (euskaldunak) defendatzea; edo, esparru horretan, aita santuaren irakatsien kontra aritzea. Euskal Autonomia Erkidegoko eta Nafarroako gotzainek sentiberatasuna erakutsi dute beren jokabideak

eragindako kritiken aurrean: kritikak entzun egin dituzte, akusazio bidegabetzat jo dituztenen aurrean defendatu egin dira, beren jokabidea legitimatu dute, akats batzuk onartu dituzte, eta haiengatik barkamena ere eskatu dute.

Euskal Autonomia Erkidegoko eta Nafarroako Eliza izan zen Francoren diktaduraren garaian ETAren indarkeria terrorista publikoki gaitzetsi zuen lehen instantzietako bat, eta dolumina agertu zien biktimei. Urte batzuk geroago, eskuin muturreko terrorismoa eta Estatuaren aparatuei lotutakoa ere salatu zituen. Nolanahi ere, terrorismoaren biktimen gaia bigarren mailan geratu da, elizaren lehentasun nagusia bakea eta adiskidetzea izan direlako. Ezin da esan Euskal Autonomia Erkidegoko eta Nafarroako gotzainek terrorismoaren biktimen inguruan izan duten diskurtsoa behar bezain zehatza, garatua eta artikulatua izan denik, biktimei buruzko pastoral-idazkirik ere ez dago. Era berean, gotzainek modu eskasean, berandu eta orijinaltasunik gabe hartu dituzte terrorismoaren biktimek egin dituzten eskariak —egia, justizia eta memoria—. Oro har, pastoral-jardunerako irizpideak formalki akatsik gabeak dira, baina zorrotz aplikatu nahi izateak, salbuespenik gabe eta inguruabarra kontuan hartu gabe, eztabaidagai bihurtu ditu. Aitzitik, elkartasuna eta adiskidetzea dira eliz arduradunek terrorismoaren biktimei planteatzen dizkieten bi eskaintza handiak. Elkartasun-mezuak goiz iritsi ziren, eta ugariak eta etengabeak izan ziren. Gainera, 1990eko hamarkadan, kristau-elkarteari ere eskatu zitzaion jarrera hori. Adiskidetzeko deia argia eta jarraitua izan da, nahiz eta, kasu askotan, biktimak horren kontra egon.

Azken urteotan (2011-2025), ETA behin betiko desagertzearekin batera, Euskal Autonomia Erkidegoko eta Nafarroako Elizak eta bertako kideek terrorismoaren biktimen inguruan esandakoak eta, batez ere, egindakoak aurrerapauso esanguratsuak eta bilakaera positiboa izan du, berantiarra, baina, edonola ere, egokia, nahiz eta beti dagoen hobetzeko tartea. Halaxe erakusten du Euskal Autonomia Erkidegoko eta Nafarroako gotzainen ohar publiko honek.

Iruñea-Tutera, Baiona, Bilbo, Gasteiz eta Donostiako gotzainen ohar publikoa (2018/04/20)

1. Iruñea-Tutera, Bilbo, Gasteiz eta Donostia eta Baionako elizbarrutietako Eliza Katolikoak positibotzat ditu ETA talde terroristak "Eragindako kalteari buruzko adierazpenean" esandakoak, 60 urteko heriotza eta sufrimenduaren historiaren ondoren. Bihotz-bihotzez nahi dugu Bibliako "Bakea zuekin" agurra gure lurraldean betiko errotzea.

2. Egoera horretan, gure elkartasuna berresten diegu berariaz indarkeriaren biktima guztiei eta haien senideei, bereziki oraindik euren aurkako atentatuak argitu gabe dituztenei, zigorgabetasunaren sufrimendua gehitu behar baitiote bizi duten minari. Biktimen oroimenak eta haien aldeko otoitzak beti egon behar dute gure artean. Jesukristok predikatutako zoriontasunen mezua gogoratu nahi dugu, gaur biktimak gogora ekartzen laguntzen baitigu (cfr. Mt, 5).

3. Elizak Jesukristorengandik bakearen eta justiziaren, kontsolazioaren eta adiskidetzearen aldeko tresna izateko bokazioa jaso du. Urtez urte, Eliza osatzen duten gizon eta emakume askok onena eman dute zeregin horretan, batzuek heroi moduan, gainera. Baina ohartzen gara gure artean konplizitateak, anbiguotasunak eta omisioak ere izan direla. Horregatik, barkamen zintzoa eskatzen dugu. Nazareteko Jesusen jarraitzaile garenez, badakigu beti konbertsio-jarreran bizitzera deituak gaudela, egiaren alde apaltasunez eginez eta gure artean hartuz bide berria abiatu nahi duten pertsonak.

4. Indarkeriak eragindako sufrimendu itzel eta luzeaz gain, gure herriak min espiritual eta sozial kalkulaezina pairatu du, terrorismoa elikatu zuten ideologia totalitario eta idolatrikoek eraginda. Orain, gizarteak berreraikitze moralaren eta bizikidetzaren erronkei heldu behar die. Elizak zeregin horretan lagundu nahi du, jakinik berreraikitze moralak lotura estua duela Ebanjelioaren balioekin.

5. ETAren desegite desiratuak hainbat aukera ekarriko ditu normalizazioa sustatzeko, eta denek aprobetxatu beharko lituzkete. Behar humanitarioak

dituzten presoen senideen eskakizunak betetzeko garaia dela pentsatzen dugu. Garrantzitsua da, halaber, preso ohiek euren herrietara itzultzeko prozesua terrorismoaren biktimak iraindu gabe egitea.

6. Bakearen eta adiskidetzearen gakoa giza bihotzaren zintzotasunean datza. Apaltasunetik bakarrik eraiki daiteke justizian oinarritzen den bakea. Benetako adiskidetzea benetako damua eta barkamen-eskaera zintzoa baldin badaude bakarrik da posible; baita eragindako kaltea ahal den neurrian konpontzeko benetako prestasuna ere.

Errukiaren Jainkoak argi egin diezagula guztioi, bake-bidean aurrera egiteko.

On Francisco Pérez, Iruñeko artzapezpikua eta Tuterako gotzaina
On Mario Iceta, Bilboko gotzaina
On José Ignacio Munilla, Donostiako gotzaina
On Juan Carlos Elizalde, Gasteizko gotzaina
On Juan Antonio Aznárez, Iruñeko gotzain laguntzailea
On Marc Aillet, Baionako gotzaina

ARIKETA 7

Irakurri arretaz gotzainen oharra eta identifikatu ideia nagusiak. Zehazki, aztertu gai jakin batzuen inguruan alderik ikusten duzun liburu honetan jaso ditugun aurreko adierazpenekin alderatuta:

- Biktimak eta egia, justizia eta erreparaziorako duten eskubidea.
- Damuaren eta barkamenaren arteko harremana.
- ETAko presoen eskubideen defentsa.

BIBLIOGRAFIA

Aguirre, R. (1998): *El túnel vasco. Democracia, Iglesia y terrorismo*, Oria, Alegia.

Andrés-Gallego, J. eta Pazos, A. M. (1999): *La Iglesia en la España contemporánea /2: 1936-1999*, Encuentro, Madril.

Atxik Berrituz (2025): *Emazte eta gizon kristauak Euskal Herriko Bake Prozesuan*, Maiatz, Baiona.

Basagoti, A.; Sánchez, J.; Vega, L. M. eta Villarroel, P. (2003): "Mehatxatutako alderdien zerrendetako apaizen jakinarazpena", fotokopiatutako materiala.

Bastante, J. (2004): *Los curas de ETA. La Iglesia vasca entre la cruz y la ikurriña*, La Esfera de los Libros, Madril.

— (2006): *Setién. Un pastor entre lobos*, La Esfera de los Libros, Madril.

Bilbao, G. (2009a): *Sacrificadas a los ídolos. Las víctimas del terrorismo en el discurso de los Obispos vasconavarros (1968-2006)*, IDTP-DDB, Bilbo.

— (2009b): *Los hermanos de Job. La Iglesia de Bizkaia ¿junto a las víctimas del terrorismo?*, IDTP-DDB, Bilbo.

Bilbao, G. eta Etxeberria, X. (2005): *La presencia de las víctimas del terrorismo en la educación para la paz en el País Vasco*, Bakeaz, Bilbo.

Bilbo, Donostia eta Gasteizko Gotzainak (2002): "Bakea prestatu" Bilbo, Donostia eta Gasteizko Elizbarrutietako prentsa-bulegoen oharra, *Bilboko Elizbarrutiaren Aldizkari Ofiziala*, 759-770, maiatzaren 29a.

Bilboko eta Donostiako Gotzaindegietako Prentsa-Bulegoak (1979): "Euskal Herriko Eliza, Bakearen aldeko borrokan jarraitzeko erabakia hartuta", *Bilboko Gotzaindegiaren Aldizkari Ofiziala*, 75-76.

Bilboko Elizbarrutia (1998): Elizbarrutiko II. Ebanjelizazio Egitasmoa (1998-2003), https://n9.cl/i5zlj.

Blázquez, N. (2004): *El nacional clericanismo vasco,* Edibesa, Madril.

Callahan, W. (2002): *La Iglesia católica en España (1875-2002)*, Crítica, Bartzelona.

Calleja, J. I. (2006): "Ética, conflictos sociales y reconciliación: el País Vasco en el horizonte", *Lumen*, (55 4-6, 283-299 eta 449-473.

Calleja, J. M. (1997): *Contra la barbarie. Un alegato a favor de las víctimas de ETA*, Temas de Hoy, Madril.

Cárcel, V. (2003): *Breve historia de la Iglesia en España*, Planeta, Bartzelona.

CUESTA, C. (2000): *Contra el olvido. Testimonios de víctimas del terrorismo*, Temas de Hoy, Madril.

DE LA GRANJA, S. (2024): "Iglesia vasca y terrorismo de ETA", lan honetan J. C. Martín de la Hoz (ed.), *Violencia y hecho religioso*, Rialp, Madril, 315-335.

ETIKARTE (2013): *Vivir juntos en paz hoy y aquí*, Oreki Fundazioa, Lasarte-Oria.

ETXEBERRIA, X. (2007a): "¿Qué perdón necesitamos y qué perdón es políticamente posible en España y en la sociedad vasca?", *Sal Terrae*, 95, 59-73.

— (2007b): *Dinámicas de la memoria y víctimas del terrorismo*, Bakeaz, Bilbo.

— (2007c): *La participación social y política de las víctimas del terrorismo*, Bakeaz, Bilbo.

— (2007d): *Nuevos horizontes, nueva convivencia. Horizonte de victoria, horizonte de reconciliación*, IDTP-DDB, Bilbo.

— (2013): *La educación para la paz reconfigurada. La perspectiva de las víctimas*, Los Libros de la Catarata, Madril.

ETXENIKE, L. (2007): "Pacitud", *El País* (Euskal Herriko edizioa), urtarrillaren 14a.

EZKERRA, I. (2000): *ETA pro nobis. El pecado original de la Iglesia vasca*, Planeta, Bartzelona.

EL SALVADOR FOROA (1999): "Manifiesto por la verdad, la justicia y el perdón en Euskadi", *ABC*, ekainaren 11a.

GARCÍA DE CORTÁZAR, F. eta FUSI, J. P. (1988): *Política, nacionalidad e Iglesia en el País Vasco*, Txertoa, Donostia.

GURRUCHAGA, C. eta SAN SEBASTIÁN, I. (2000): *El árbol y las nueces. La relación secreta entre ETA y PNV*, Ediciones Martínez Roca, Bartzelona.

LARRÍNAGA, J. (2000): "Por una paz sin precio", *El Correo*, urtarrilaren 29a.

— (2002): "Nosotros también somos vascos", *La Razón*, abenduaren 26a.

LAVIANA, J. C. (2018): "Monseñor Setién, el obispo que consoló a ETA", *El Español*, ekainaren 10a.

LOZANO, J. (2011): "María San Gil relata sin tapujos su trágica experiencia con el obispo Setién", *Libertad Digital*, ekainaren 27a.

MORA, F. (1987): "Monseñor Setién, obispo de San Sebastián: 'La solución a ETA no es solo política'", *Interviú*, apirilaren 8a, 18-23.

ONTOSO, P. (2019): *Con la Biblia y la Parabelum*, Península, Madrid.

— (2020): *ETA, yo te absuelvo. El papel clave de la Iglesia en el Proceso de Burgos*, Ediciones Beta, Bilbo.

ORELLA, J. L. (1999): "Zuzendariarentzako gutuna", *El País* egunkarian (Euskal Herriko edizioa), ekainaren 29a.

SÁEZ DE LA FUENTE ALDAMA, Izaskun (2002): *El Movimiento de Liberación Nacional Vasco, una religión de sustitución*, Bilbao, Elizbarrutiko Teologia eta Pastoraltza Institutua.

SAN SEBASTIÁN, I. (2003): *Los años de plomo. Memoria en carne viva de las víctimas*, Temas de Hoy, Madril.

SETIÉN, J. M. (2007): *Obras completas IV. Iglesia y Evangelización. I. La Iglesia al servicio de la evangelización*, Idatz, Donostia.

URIARTE, J. M. (2013): *La reconciliación*, Sal Terrae, Santander.

ZUBERO, Imanol (1999): "La balanza", *El País*, otsailaren 17a.

— (2000): *Columnas vertebradas. Escritos sobre violencia, política y sociedad en el País Vasco*, Hiria, Alegia.